本当は怖い
税金の話

元国税調査官が書いた
知らないと損する㊙知識

大村大次郎
Ojiro Omura

清談社
Publico

◎はじめに

本当は「弱肉強食」になっている日本の税制

本書は、日本の税金の恐ろしい実態を述べたものです。

「なんやかんや言っても日本の税制はそれなりに公平にできている」

「多少の腐敗があっても、日本の政治家や官僚はそれなりに優秀」

多くの日本人はそう思っているのではないでしょうか？

しかし、それは大きな勘違いです。今の日本の税制は不公平だらけ、腐敗だらけ、であり、「よくこんな状態で国家が保たれている」と逆に感心するほどなのです。

たとえば、「少子高齢化社会への福祉対策」として、消費税が導入されましたが、消費税導入と同時に高額所得者や大企業に対して大減税が行われており、消費税分の増収はその穴埋めでほとんど消えているのです。しかも日本は子供への財政支出が、ＯＥＣＤ（経済協力開発機構）の中で最低レベルといえるほど少ないのです。

そして、あまり知られていませんが、実は多くの日本人は税金を払いすぎています。

サラリーマンの多くは、

「自分の税金は会社が全部やってくれている」

「国も会社も税金控除の手続きはすべてやってくれている」

と思い込んでいます。

しかし、これも大きな誤解なのです。会社は社員の税金に関しては最低限度のことしかやってくれないし、国は節税策を積極的に教えてくれたりはしないのです。明らかに税金を払いすぎているということがわかっていても、自分たちで請求しない限りは、国や会社が手を差し伸べて適正な税額に修正してくれるというようなことはないのです。

たとえば、定年退職した人は、給料の年末調整をされておらず、税金の払いすぎになっているケースが多いのですが、国や会社はこのことについて、まったく注意喚起などはしてくれません。このように、今の日本では、税金の世界というのは、完全に「弱肉強食」となっているのです。

本書を手に取っていただいた方には、ぜひ本書を参考にして税金弱者にならないようにしていただきたいものです。

本当は怖い税金の話 元国税調査官が書いた知らないと損する㊙知識 目次

第2章 本当は税金を払っていない日本の「上級国民」

第3章 本当は税金を払いすぎている日本のサラリーマン

第4章 本当は「お金持ちの税金」ではない相続税

第5章 本当は「公平な税金」ではない消費税

第6章 「税金ニュース」で読み解く令和日本

第 1 章

本当は誤解だらけの税金制度

「日本のお金持ちの税金は高い」という大誤解

税金については、世間の人たちが誤解している面が多々あります。
この第1章では、まずそういう税金の誤解について述べたいと思います。
最初は「お金持ちの税金」についてです。
今、ほとんどの国民はこういうことを思っているのではないでしょうか？

◎バブル崩壊以降、日本経済は低迷し、国民はみんなそれぞれに苦しい
◎お金持ちや大企業は世界的に見ても高い税負担をしている。日本では、働いて多く稼いでも税金でがっぽり持っていかれる
◎その一方で、働かずにのうのうと生活保護を受給している人が増加し、社会保障費が増大し、財政を圧迫している
◎日本は巨額の財政赤字を抱え、少子高齢化で社会保障費が激増しているので消費税の増税もやむを得ない

そして、そういう国民意識の中で、消費税の増税も受け入れた感があります。

しかし、これらも財務省のイメージ戦略にすぎず、実際は真っ赤な嘘《うそ》です。

財務省のキャリア官僚たちは、天下り先の大企業経営者の機嫌を取らねばならず、必然的に富裕層の税金も優遇しなければなりません。

が、あからさまに富裕層の税金を優遇すると国民に叩《たた》かれてしまうので、「日本のお金持ちの税金は高い」というイメージ戦略を繰り広げてきたのです。

その一方で、富裕層の税金というのは、こっそり下げられてきたのです。

１９８０年代以降、お金持ち（高額所得者）の税金は急激に下げられてきました。といわれても、ほとんどの人がピンとこないでしょう。

高額所得者の減税はまったく報道されず、密かに行われてきたからです。

ここで、お金持ちの税金が１９８０年と２０２４年ではどう違うか比較してみましょう。

比較するのは「所得が１億円の人」です。

１９８０年では、所得が１億円の人の所得税率は75％です。そして住民税の税率は13％です。合計して88％の税率が課せられていたのです。

一方、2024年の税率はというと、所得税の税率は45％、住民税の税率は10％、合計して55％です。33ポイントも下げられています。

約40％の大減税なのです［図表1］。

「所得税の税率が下げられたとしても、先進国の中では高い」

と主張する人もいます。

図表2は先進国の所得税率の比較です。これを見ると、たしかに日本の所得税率は先進国の中で一番高いといえます。

が、実際の所得税の税収を見ると、アメリカのGDP（国内総生産）比の半分以下しかないし、ほかの先進国と比べても軒並み低いのです。

たとえば、アメリカの所得税の税収は、2兆4000億ドル（約360兆円）前後です。一方、日本の所得税

図表1　所得1億円の人の税率（所得税と住民税の合計）

1980年	88%
1985年	83%
1990年	63%
2000年	50%
2024年	55%

出典：財務省資料より

の税収は、20兆円前後しかないのです。なんと、日本の所得税の税収は、アメリカの18分の1程度しかないのです。

通常、所得税の税収というのは、富裕層がその大半を担っているものです。だから、所得税の税収が少ないということは、富裕層の税負担が少ないということと同義なのです。

富裕層の税負担率はフリーター以下

「税率は先進国では高いほうなのに、実際の税収は先進国としては非常に少ない」

これは非常に不思議な話です。

なぜ、こういうことになっているのか、というと、日本の所得税には、お金持ちに対して様々な抜け穴が用意されているからなのです。

日本の税金が、富裕層に非常に有利になっている典型的なものが、株式配当に対する税金です。現在、配当に対する税金は、国、地方税合わせても約20％です。配当金がいくらあろうが、これ以上の税金は課せられないのです。

国、地方税合わせて税率20％というのは、年収300万～400万円の人と同程度です。

日本の株主の税金は、先進国の中でもっとも安いのです。

多くの国民は気づいていないようですが、日本人が思っている以上に日本では株主は優遇されているのです。株主天国とさえいっていいほどです。

日本の超富裕層の実質的な税負担は、なんとフリーターよりも安いのです。**図表3**は、年収5億円の配当収入者と年収200万円のフリーターの実質的な税負担の比較です。

配当収入者というのは、大企業の株などをたくさん持ち、多額の配当などを得ている人のことです。富裕層の多くはこういう形で収入を得ています。

これを見ると、富裕層は、まず所得税、住民税自体が非常に安いことがわかるはずです。高額所得者の名目上の最高税率は50%なのですが、配当所得者は約

図表 2　先進国の所得税率の比較

日本	*45.95%
アメリカ	37.0%
フランス	45.0%
イギリス	45.0%
ドイツ	45.0%

*復興税0.95%を含む　出典：財務省資料より

20%なのです。

日本には、配当所得に対する超優遇税制があります。配当所得は、どんなに収入があっても所得税、住民税合わせて一律約20%でいいことになっているのです。

この税率は、平均的サラリーマンの税率とほぼ同じです。

これは、配当所得を優遇することで、経済を活性化させようという小泉《こいずみ》純一郎《じゅんいちろう》内閣時代の経済政策によるものです。

先ほど述べましたように、富裕層の収入は持ち株の配当によるものが多いのです。だから、富裕層の大半は、この優遇税制の恩恵を受けているのです。

また、配当所得者に限らず、「経営者」「開業医」「地主」など富裕層の主たる職業ではだいたい税金の大きな抜け穴が用意されています。

図表 3　年収5億円配当収入者と年収200万円フリーターの税負担の比較

	配当収入者	フリーター
所得税、住民税	約20%	約6%
社会保険料	約0.5%	約15%
収入に対する消費税負担	約1%	約8%
合計	約21.5%	約29%

出典：現在の税率より筆者が算出

名目通りの高額の税率を払っている富裕層は、ほとんどいないといっていいのです。

「富裕層は巨額の相続税を払っている」という大嘘

世間では、「日本の相続税率は高く、富裕層は巨額の相続税を払っている」といわれることがあります。

しかし、これも大嘘です。

大金持ちのほとんどは、まともに相続税を払っていないのです。

何十億円、何百億円の遺産をもらっている大企業の創業者や、大地主、大投資家などの遺族は、あの手この手を使って相続税を免れているのです。

現在の税法では、相続税の最高税率は55%です。たしかにこれは世界最高レベルの高さです。しかし、55%の税金を納めている大金持ちなどほとんどおらず、10%も納めていないものばかりなのです。

が、筆者がいくら「お金持ちは相続税を払っていない」と主張したところで、信じない人も多いでしょう。

「払っていないのは一部の人だけ」

「たいていの人はきちんと払っているはず」

良識のある読者は、そう思われるはずです。

日本人の勤労者の大半を占めるサラリーマンは、税金をきちんと払っています。そういう方々から見れば、税金をきちんと払うのは当たり前であり、税金を免れるなんてあり得ない話でしょう。

が、富裕層が相続税をまともに払っていないということは、データにもしっかり表れているのです。詳細は後述しますが、日本では毎年80兆円程度の遺産相続が発生しています。しかし、相続税の税収というのは、毎年2兆円程度しかないのです。つまりは、80兆円の2・5％しか税として徴収されていないのです。

富裕層は、タックスヘイブンや財団法人をつくったりして相続税を免れており、また政治家や開業医などのように相続税が事実上免除されている職業もあるのです。それやこれやで、日本の富裕層は、ほとんど相続税を払っていないのです。

日本では密かに億万長者が激増している

今の日本は、「平成の失われた30年」により、急速に衰退しています。国民の生活は苦しくなる一方です。そのため、富裕層も減っているのではないかと思われています。

しかし、これも誤解です。

現代日本では超富裕層が激増しているのです。

しかも、多くの国民はそれに気づいていません。日本では、都心部に広大な邸宅を持ったり、何人も家人《けにん》を雇っていたりするような「見るからにお金持ち」という人はあまりいません。

しかし、日本の富の多くを、一部の人たちが握りつつあることは、データ上、間違いがないことなのです。

図表4は、3000万ドル以上の資産を持つ人の数の国別ランキングです。3000万ドルというと、日本円にして40億円以上の資産を持つということになります。超富裕層といえるでしょう。

日本は、この超富裕層の人口が中国に次いで世界第3位です。日本はアベノミクス以降、円安が続いており、円換算での資産価値は減り続けているにもかかわらず、これほど多くの超富裕層が日本には存在するのです。

しかも日本は近年、この超富裕層が激増しており、2017年からの3年間だけでも20％近くも増加しています。

また、日本銀行の統計に

図表4　3000万ドル以上の資産を持つ「超富裕層人口」の国別ランキング（2020年）

1位	アメリカ	101,240人
2位	中国	29,815人
3位	日本	21,300人
4位	ドイツ	15,435人
5位	カナダ	11,010人
6位	フランス	9,810人
7位	香港	9,435人
8位	イギリス	8,765人
9位	スイス	7,320人
10位	インド	6,380人

出典：World Ultra Wealth Report2020

よると、2022年の時点において、個人金融資産は2000兆円を超えています。

これは、生まれたばかりの赤ん坊から100歳を超える老人まで、すべての日本人が一人あたり平均約1500万円の金融資産を持っている計算になります。

家族4人だったら、1世帯で6000万円の金融資産を持っていることになるのです。

あまり知られていませんが、日本の個人金融資産というのは、バブル期以降、激増しているのです。バブル期の1990年の段階では、個人金融資産は1017兆円でした。が、現在は2000兆円以上に達しているのです。三十数年の間にほぼ倍増しているのです。

前述しましたように、この三十数年というのは、日本経済は「失われた平成時代」とさえ呼ばれる苦しい時代のはずでした。

あなたは、このことに違和感を持たないでしょうか？

自分は、そんなお金は持っていないと。

もちろん、そうです。この個人金融資産の大半は、一部の富裕層に集中しているのです。

つまりは、富裕層が増加し、その富裕層へのお金の集中が起きているということです。

「日本の大企業の税金は世界的に高い」という大誤解

「日本の法人税は、すでに世界的に高い」と思っている方も多いはずです。

しかし、実は「日本の法人税が世界一高い」というのもまた大きな誤解なのです。

財務省の巧妙なイメージ戦略でそう思わせられているだけなのです。

日本の企業の税金が決して高くないことを、国民が知れば、必ず自分たちが税金を払うことに文句を言うようになります。自分たちだけが高い税金を払わされているのですから。

それを防ぐために、財務省は、上手《じょうず》に国民を丸め込んでいるのです。

日本の法人税は、たしかに名目上は非常に高いです。

図表5は、財務省がホームページに載せている主要先進国の法人実効税率の比較です。法人実効税率というのは、法人（企業）に課せられている国税と地方税の合計税率のことです。

これを見ると、日本は主要先進国の中でドイツの次に法人実効税率が高いことになっています。日本の法人実効税率は、世界的に見てかなり高い部類に入ります。この数値だけを取り上げて、財務省や御用学者たちは「日本の法人税は高い」とさんざん喧伝《けんでん》しているわけです。

しかし、日本の法人税にはカラクリがあるのです。というのも、日本の法人税にも様々な抜け穴があり、表面的な税率は高いけれど、実際の税負担は、まったくたいしたことがないのです

つまり、今流行《はや》りの「ステルス増税」の逆で、「ステルス減税」が日本の企業には施されているのです。

法人税の抜け穴の最たるものは、「試験開発費」です。これは2003年に導入されたもので、試験開発をした企業はその費用の10%分の税金を削減する、という制度です。

限度額はその会社の法人税額の20%です。世間的には

図表5 主要先進国の法人実効税率(2024年1月)

日本	29.74%
ドイツ	29.93%
フランス	25.00%
イギリス	25.00%
アメリカ	27.98%

出典:財務省ホームページ

あまり知られていませんが、この試験開発費減税は、大企業に大きなメリットがあります。

というのも、大企業というのは、たいがい試験開発費を多く支出しているものです。

また、減税の対象となる試験開発費の範囲は、非常に広いものだったので、大企業のほとんどは、この試験開発費減税を、限度額ギリギリまで受けることができるのです。

試験開発費の限度額は法人税額の20%なので、限度額ギリギリまで試験開発費減税を受けるということは、事実上、法人税が20%下げられたのと同じなのです。

だから、日本の実質的な法人税率は、名目上の税率よりも20%くらい低いのです。先進国としては普通か少し低いくらいになるのです。

しかも日本の法人税には、さらに様々な抜け穴があり

図表 6　日本企業全体の「経常利益」と法人税収の比較

	経常利益	法人税収	実質法人税率
2013年	72.7兆円	10.5兆円	14.4%
2017年	96.3兆円	12.0兆円	12.5%
2022年	95.3兆円	13.3兆円	14.0%

出典：財務省データより筆者が算出

ます。だから、日本の実質的な法人税率は、実は驚くほど低いのです。

図表6は、法人統計調査から抽出した日本企業全体の「経常利益」と法人税収を比較したものです。いずれも、政府が発表しているデータであり、誰でも簡単に確認することができます。

これを見ると、日本企業は経常利益に対して法人税は10％ちょっとしかかかっていないことがわかるはずです。名目上の法人税率は23・2％なので、だいたい6割しか払っていないことになります。

つまりは、日本の実質的な法人税率は10％ちょっとであり、世界的に見ても非常に安い部類なのです。タックスヘイブン並みともいえるのです。

サラリーマンが税金を払いすぎても税務署は黙っている

サラリーマンなどが税金を払いすぎていた場合、税務署はそれを教えてくれたり自動的に還付してくれたりしてくれる、と思っている人も多いでしょう。サラリーマンは、自分で税務申告はせずに会社が全部やってくれます。だから、もしそれに誤りがあれば、会社か税務署が修正してくれそうなものです。

しかし、それも誤解なのです。

サラリーマンが税金を払いすぎても、税務署も会社も指摘してくれないというケースは多々あるのです。

そのもっともわかりやすい例が、退職をしたり、仕事が替わったりしたときの税務手続きです。

会社を定年退職したり、再就職した会社を辞めたり、会社を替わったりした場合、適切な税金の手続きを取らないと損をしていることが非常に多いのです。わかりやすくいうと、税金を取られすぎたまま会社を辞めている人がけっこう多いのです。しかし、このことを国税は周知させる努力をまったくしていません。

会社を定年退職するときなどには、ほとんどの会社で「退職金の税金はすべて完結しているので、何も手続きは必要ない」という説明がされると思います。だから、世間の多くの人は、「退職時には税金に関する手続きは必要ない」と思っているようです。

そのため、税金の還付漏れになっているケースが多々見られるのです。

なぜ、そういうことになっているのか、順に説明しましょう。

実は退職時に完結しているのは、「退職金の税金」だけなのです。

退職した年に会社からもらう報酬というのは「退職金」だけではありません。その年も途中まで給料をもらっているのです。この「退職した年の給料の税金」の手続きをし損なっている人が非常に多いのです。

そして、この手続きは、還付になるケースが大半なのです。つまりは、結果として還付を受け忘れているケースが多くなっているわけです。


サラリーマンというのは、毎月の給料から源泉徴収されています。

これは、確定した税額を引いているのではなく、このくらいの収入の人は、このくらいの税金になるだろうという見越しのもとにつくられた「税額表」をもとにして引かれているのです。

ところが、この「税額表」に表示されている源泉徴収額というのは、実際の税額よりも多くなりがちなのです。後で税金の取りはぐれがないように少し多めに設定されているのです。そして取りすぎた分は、「年末調整」で返すことになっているのです。

たとえば、3月31日付で退職した人が、その年は再就職していなかったとします。1月から3月までは、毎月40万円の給料をもらっていました。扶養しているのは、奥さんだけです。

この人は毎月2万円程度を源泉徴収されています。

ということは、3月までに6万円程度を源泉徴収されていることになります。この年にもらった給料は120万円程度なので、本来は、税金がかかってこないはずです。

この人は退職金ももらっていますが、退職金の税金は別に計算されるので、この年の収入は、あくまで給料でもらった120万円だけということになるのです。にもかかわらず、6万円も税金が徴収されているのです。

なんで、こんなにたくさん源泉徴収されているかというと、毎月、源泉徴収される金額というのは、

「1年間ずっとその給料がもらえると仮定して」

決められているからです。

つまり、この人の場合では、月40万円を1年間だから、年間480万円の収入になるだろうと仮定して、毎月の源泉徴収額が定められているのです。このようにサラリーマンの毎月の源泉徴収額というのは、取りすぎている場合が多いのです。

そして取りすぎた税金は、普通は「年末調整」によって精算されます。

しかし、退職したり会社を替わったりして「年末調整」をしていない人は、この税金の精算がされません。そのため、税金を払いすぎになっている可能性が高いのです。

つまり、定年退職であっても、再就職後の退職であっても、退職した人というのは、「年末調整をしていない状態」になっているのです（年末に退職した人を除いて）。

退職したその年のうちに再就職していない人は、多かれ少なかれ、ほとんどがこのケースです。

この場合、どうすればいいかというと、確定申告をすればいいのです。その方法は簡単です。

源泉徴収票を税務署に持っていって、「年末調整をしていないので、確定申告をしたい」と言えば、税務署員が手続きをしてくれます。

たったそれだけの手続きで、多ければ数万円レベルの税金が還付されてくるのです。

還付になるケースとそうでないケースがある

が、さらにややこしいことに、この退職年の給料の手続きは、誰もが「漏れ」になっているとは限らないのです。

退職した年に別の会社などに再就職し、その再就職先で、「年間を通した年末調整をしてくれている場合」にはこの手続きは必要ないのです。

なんだかややこしい話ですが、大事なことなので、該当する方は頑張って理解してください。

再就職した場合、だいたい再就職先で年末調整がされます。それで払いすぎている税金の還付を受けることができるのです。だから、この場合は、自分で確定申告をする必要はありません。

が、それもまた、再就職先の実情によって、若干違ってくるのです。

再就職した場合は、1年間に2か所以上の職場から給料をもらっていることになりますので、本来は、両方の職場での給料を通算して、年末調整をしなくてはなりません。

しかし、会社によっては、そんな面倒なことはせずに、自分の会社が払った給料分のみで年末調整をすることもあります。

そういう場合、前の会社で源泉徴収されている分については、放置されていますので、両方の給料を通算した「年末調整」が必要になります。

前の会社の分と通算されているかどうかは、源泉徴収票を見ればわかります。

給与の総額の中に前の会社の分が加算されていればOK、再就職先の会社の分だけしか記載されていなければ確定申告が必要、ということになるのです。

もし判断がつかなければ、再就職先の会社に尋ねてみてください。

「前の会社の分も通算して、年末調整されていますか」と。

そうすれば、教えてくれるはずです。

本当はこういうことは、国税庁が丁寧に説明すべきだと思います。

フリーター、派遣社員の多くは税金払いすぎになっている

前項では、退職者の多くが税金を払いすぎのままになっているということをご紹介しま

したが、これと同じような理屈でフリーターや派遣社員の方も税金が払いすぎになっています。しかも、このことについても、国税庁はほとんどアナウンスしていません。

どういうことなのか、順に説明しましょう。

フリーター、派遣社員の方に、まずいっておきたいのが、職場からもらった源泉徴収票は、必ず取っておいてください、ということです。

昨今では、短期アルバイトや日払いの仕事でも、企業側は源泉徴収するようになっています。そして先ほども述べましたように、源泉徴収された税金は、年末調整ですべて精算されるものです。

フリーターや、年間を通して働いていない派遣社員の人たちは、年末調整されていないことがほとんどです（年間を通して働いている派遣社員は、働いている期間中に年末を迎えれば、年末調整されている可能性が高いですが）。

そのため、フリーターや年間を通して働いていない派遣社員は、年末調整が受けられておらず、税金の納めすぎの状態になっているのです。

しかも、フリーターなどの場合は、さらに悪い条件があります。

実は源泉徴収額を決める「源泉徴収税額表」には、「甲」と「乙」の二つの種類があるのです。「甲」は源泉徴収額が少なく、「乙」は多くなっているのです。

「甲」と「乙」の違いというのは、「扶養控除等申告書」という書類を会社に提出したかどうかです。提出した人は、源泉徴収額が少ない「甲」の方法になるのですが、「扶養控除等申告書」を会社に提出していない人は、源泉徴収額が多い「乙」の方法となります。「扶養控除等申告書」というのは、扶養する家族の数などを申告する書類です。扶養する家族の数がわかれば、税金の額もだいたい推測がつくので、なるべく実態に合った源泉徴収額になるのです。

でも、「扶養控除等申告書」を提出していない場合は、扶養する家族の数などがわからないので、実際よりもかなり多めに源泉徴収されるのです。

普通のサラリーマンは、「扶養控除等申告書」を会社に提出するものですが、アルバイトや年間を通して働いていない派遣社員の場合は、ほとんど提出しません。なので、アルバイトや年間を通して働いていない派遣社員は、かなり多めに源泉徴収されているのです。

たとえば、月給30万円をもらっている人（妻と子供一人を扶養）の場合、「甲」の方法では毎月の源泉徴収額は5130円で済みます。一方、「乙」の方法では、5万2900円も源泉徴収されるのです。

どちらにせよ、確定申告をすれば、かなりの確率で税金が戻ってきます。

半年くらいアルバイトをしている人ならば、1週間分のアルバイト料くらいは、戻ってくるでしょう。なので、面倒くさがらずに、確定申告をすべきでしょう。

ただし、確定申告をするには、源泉徴収票が必要です。なので、源泉徴収票は必ず取っておきましょう。

税務署が嘘を教えることもある

サラリーマン、経営者、個人事業主などすべての納税者の方に、ぜひ肝に銘じていただきたいことがあります。それは、税務署員というのは、絶対に正しいわけでもなく、彼らの言うことを必ず聞かなくてはならないということもないのです。

わかりやすい例を、ここでご紹介したいと思います。

私が医療費控除のことを調べているときのことです。

禁煙治療やED（勃起不全）治療、AGA（薄毛）治療は、医療上の治療ということになっていますが、医療費控除の対象になるかどうか、税法や国税庁のサイトのどこを見ても載っていなかったのです。

そこで、私は東京国税局の相談室に問い合わせました。東京国税局のMという相談官は、最初、次のように答えました。

「医療費控除というのは、病気や怪我《けが》をしたときの治療にかかる費用というのが原則です。だから、禁煙、ED、AGAというのは病気や怪我ではありませんので、医療費控除の対象にはならないと思います」

私は、これを聞いて不審に思いました。元税務署員としての勘が働いたのです。

「この人、正確な情報に基づいて言っているわけじゃなく、単に憶測で言っているだけだ」と。

というのもM相談官は、「ならないと思います」と答えました。「思います」ということは、これは明確な答えではないのです。税務署員というのは、正確なことを知らないときに、時々、こういう答え方をします。

税法や通達ではどうなっているのか、自分では正しい答えを知らないときに、逃げを打って「思います」と答えるのです。

だから、私はすかさず、

「思いますってことは、国税の見解ではないんですよね？　国税局としてのはっきりした見解を知りたいのですが？」

と言いました。

するとM相談官はいろいろ言い訳をしていましたが、私が、

「あやふやな言い方ではなく、国税局のちゃんとした見解を教えてください。ちゃんと調べてから、後から電話をください」

と言うと、

「わかりました」

と答えました。

しばらくしてM相談官から電話がかかってきて、

「先ほどのご質問の件ですが、禁煙治療とED治療については医療費控除の対象となります。AGA治療については今、検討中です」

と回答してきました。

案の定、M相談官は、知りもしないのに自分の勝手な判断で、

「それは怪我とか病気の治療じゃないから、医療費控除の対象にはならないと思います」と言っていたのです。

もし私が普通の納税者であれば、これを聞いて、そのまま鵜呑《うの》みにしていたはずです。

これは、実は大変なことです。

東京国税局の電話相談係というのは、国税庁の顔であり、国税を代表した部署です。そういう部署が、平気で嘘を教えているわけです。

しかも、その嘘は、納税者有利ではなく納税者不利になっているわけです。

これが、もし民間会社だったら、大変な大失態です。

もし電話会社が顧客に嘘をついて、決められた以上の料金を徴収したならば、大問題になるはずです。しかし、国税というのは、そういうことを常々平気でやっているのです。

税務署というのは、税務調査権という強大な国家権力を持っています。納税者は誰でも、税務署の税務調査を甘んじて受けなくてはなりません。自分の資産を勝手に調べられたり、納税者に細かいことをうじうじ詰問したりするわけです。

でも、それは、国税当局側が、絶対に法律にのっとってやっている、ということが大前提のはずです。だから、国税職員は税に関する法律や制度をきちんと知っておかなければならないし、それをしっかり守らなければなりません。

が、現実には国税局というのは、納税者に対して非常に厳しい対応をするのに、税法の明確な解釈さえ答えられないことがあるのです。

こういう点について、国税庁はもっともっと世間から非難されるべきだと、私は思っています。国民が知らないだけで、国税庁のいい加減さというのは、本当に目に余るものがあるのです。

ちなみにAGAについても、後に再度、国税局の電話相談室に確認したところ、

「病気が原因でAGAになったような場合は、AGA治療も医療費控除の対象になりますが、ただ単に髪が薄くなったというだけでは対象になりません」

とのことでした。

ノルマに追われる税務署員たち

一般の人たちは、「税務署の人たちは公平な課税をすることが仕事」と思っているでしょう。しかし、それも大きな誤解です。

というのも税務署員は、少しでも追徴税を稼ぐことが最大の責務とされているからです。税務署の仕事は「公平で円滑な税務行政を行うこと」などという建前はあります。しかし、現場の人間が実際に求められるのは、「税金をどれだけ稼ぐか」ということなのです。

税務署員の主な仕事に「税務調査」というものがあります。

税務調査というのは、納税者の出した申告書に不審な点があるときに、それを確認するために行われる、というのが表向きの目的となっています。もちろん、それも税務調査の目的の一つではあります。

でも、税務調査の本当の目的はそうではありません。

本当の目的は、「追徴税を稼ぐこと」です。

税務調査に行って、課税漏れを見つけること、つまりは追徴で課税をします。この追徴税をどれだけ取ってくるかが、税務署員の評価を決めるものでもあります。だから、必然的に追徴税を取ることが主要な目的となっているのです。

私が税務署員だったころは、各人の調査実績（追徴税の額など）を一覧表にして、職員全員が回覧していました。よく保険の営業所などで、営業社員たちの一定期間内の契約獲得者数が棒グラフにされていたりしますが、あれと同じようなものです。

もし追徴税が少ない場合は、上司に叱られたり、先輩に厳しく指導されたりします。自分の給料より、取ってきた追徴税が少ない場合は、「給料泥棒」だとか「お前は国家に損失を与えている」などと言われたりもします。

追徴税の獲得は、個人個人に課せられているだけではなく、部門や税務署同士でも、競い合わされています。税務署内では、各部門が追徴税の多寡で競争しています。各税務署同士も追徴税の多寡で競争しています。そして大きな追徴税を取った調査官たちは、「優秀事績」として発表され、表彰されます。

ここまでされれば、調査官たちは嫌でもノルマ達成、追徴税稼ぎに没頭しなければならなくなります。

私が現場にいたのは10年前くらいまでなので、今は変わっているかもしれないとも思ったのですが、後輩の調査官に聞くと、今も昔もまったく変わらないようです。

国税庁は、公式には「税務職員にはノルマなど課していない」と言っていますが、追徴税をたくさん取ってきた者が出世しているという現実がありますから、事実上ノルマはあるといえるのです。

「マルサは巨悪に立ち向かう」という大誤解

国税庁には、マルサ（査察部）という機関があります。巨額脱税を専門に摘発する、国税で最強の機関です。映画やテレビドラマでもたびたび取り上げられるので、ご存じの方も多いはずです。

このマルサは、脱税の容疑がある納税者に対して、裁判所の許可を取って、強制的に調査をする部門です。

一般にはあまり知られていませんが、税務調査には、任意調査と強制調査があります。任意調査というのは、納税者の同意を得て行われるものです。そして実は国税庁、税務署が行う税務調査の90％以上はこの任意調査なのです。

一方、強制調査というのは、裁判所から強制調査許可状を得て行われる調査で、納税者の同意は必要ありません。事前にある程度の脱税の情報が上がっている納税者に対して、その脱税の全貌を暴くために裁判所が強制調査にゴーサインを出すわけです。強制調査の場合は一切が了解なしに行われ、時にはドアをぶち破られたり、天井や床下まで調べられたりもするのです。

この強制調査を担当するのが、マルサなのです。

マルサに入られた納税者は、何を調べられても、まったく拒否はできないし、勝手にどこかへ立ち去ることも許されません。

警察の逮捕や家宅捜索と似たようなものです。

マルサには、警察と同じような取調室もあり、被疑者はここに召喚されて取り調べを受けます。

そしてマルサの怖いところは、納税者には黙秘権がない、ということです。

警察の捜査の場合は、逮捕された容疑者には「都合の悪いことを話さなくていい」という黙秘権があります。

しかし、マルサの調査の場合、納税者は質問に、必ず答えなければならないのです。もし嘘をついたり、知っているのに黙っていたりした場合、そのこと自体がペナルティーになるのです。

マルサというと、巨額な脱税を暴く正義の味方というように見られることも多いようです。そして「マルサにはタブーはない」といわれることもあります。マルサは、どんな有力企業であろうが、政治家に関係する企業であろうが、憶せず踏み込んでいく、と。

しかし、これも大誤解なのです。

マルサには、タブーが多々あり、むしろマルサが踏み込める領域というのは、非常に限られているのです。このことは、税務行政の最大の汚点であり、闇だともいえます。

たとえば、あまり知られていませんが、マルサというのは、大企業には絶対に入れないのです。信じがたいことですが、資本金1億円以上の大企業に、マルサが入ったことはほとんどないのです。

こんなにわかりやすい「意気地なし」はないでしょう。マルサにタブーがない、ということなど、まったくの都市伝説なのです。

なぜ、マルサは大企業に行かないのでしょうか？

もちろん、国税庁はその理由を用意しています。理由もなく、大企業に入らないのであれば、誰が見てもおかしいからです。

その理由とはこうです。

通常、マルサは1億円以上の追徴課税が見込まれ、また課税回避の手口が悪質だったような場合に、入ることになっています。しかし、大企業の場合、利益が数百億円あることもあり、1億円の追徴課税といっても、利益に対する割合は低くなります。

つまり、大企業では1億円程度の脱税では、それほど重い（悪質な）ものではないということです。中小企業による1億円の脱税と大企業による1億円の脱税は、重さが違うというわけです。

また、大企業には、プロの会計士、税理士などが多数ついており、経理上の誤りなどは見つけづらく、さらに大企業の脱税は海外取引に絡むものが多く、裁判になったときに証拠集めが難しい、というのです。

これらの理由は、単なる言い逃れにすぎません。

たしかに、中小企業の1億円と大企業の1億円では、利益に対する比重が違います。大企業の場合、1億円の脱税をしていても、それは利益の数百分の1、数千分の1にすぎないので、それで査察が入るのはおかしい、というのが国税庁の言い分なわけです。

が、それならば、大企業の場合は、マルサが入る基準を引き上げればいいだけの話です。利益の10％以上の脱税額があればマルサが入る、というような基準にすればいいだけです。

また、「大企業の脱税は海外に絡むものが多く、裁判になったときに証拠を集めにくいからマルサが入らない」という理由は言語道断です。こういう理屈が成り立つならば、海外絡みの脱税をすれば、マルサに捕まらない、ということになります。

つまり、よりずる賢く脱税をすれば、マルサは手の出しようがない、ということになります。

国税庁のこれらの理由は「理由になっていない」のです。

では、なぜマルサは、大企業には入らないのでしょうか？

それは、「大企業が財務省キャリア官僚の天下りを受け入れているから」なのです。

「住民税や国民健康保険はどこも一緒」ではない？

日本に住んでいる人で一定以上の収入があれば誰もが払う「住民税」。

この住民税は、全国一律と思われることが多いようですが、実は若干のばらつきがあるのです。

住民税は、均等割と所得割の二つを合算したものが、払うべき税額となります。均等割というのは、一人あたりいくらというように決められており、原則として生活保護受給者など以外は誰でも払わなければなりません。

標準税率が市区町村民税3500円、都道府県民税1500円となっています。この標準税率はすべての自治体に共通ではなく、若干の違いがあるのです。

市区町村民税は3500円から4400円まで、都道府県民税は1500円から2700円までとなっています。

たとえば、宮城県では県民税の均等割が2700円です。これには「みやぎ環境税」の1200円というのが含まれています。宮城県は東日本大震災の復興資金がいるので高いということでしょう。

所得割というのは、所得の額に税率をかけて算出されます。税率は、市区町村民税が4％、都道府県民税が6％で合計10％になっています。

ただし、愛知県名古屋《なごや》市は、ほかの市町村よりも安く、6％ではなく5・7％となっており、均等割も2800円になっています。

逆に神奈川県は2017年から2021年まで所得割が4・025％となっていました。

国民健康保険の場合、市区町村による違いはもっと大きくなります。

国民健康保険というのは、自営業の人や年金暮らしの人などが加入する健康保険です。この国民健康保険は、世帯ごとに課せられる金額、個人ごとに課せられる金額、収入に応じて課せられる金額などが、市区町村によって本当にバラバラなのです。

年間で10万円以上、差がついてくることも普通にあります。

このように、都道府県、市区町村によって、負担する税金、社会保険料は差がついてくるので、引っ越し先などを考える際には、検討材料としたほうがいいかもしれません。

第2章

本当は税金を払っていない日本の「上級国民」

なぜ、裏金議員は脱税で摘発されないのか？

日本では、サラリーマンの増税が続く一方で、ほとんど税金を払わなくていい人たち、税金で非常に優遇されている人たちもいます。最たるものが政治家です。

そのわかりやすい例が、昨今、大きな政治家のスキャンダルとなった「裏金問題」です。

これは、ざっくりいえば、自民党の派閥パーティーにおいて、各議員にパーティー券のノルマが割り振られ、そのノルマ以上の売上があった場合は、派閥から議員に代金がキックバックされていたというものです。

そしてキックバックされたお金は、各議員の収支報告書に記載されておらず、「裏金化」していたのです。この裏金化された収入は、税務申告もされていませんでした。

収入があったのに税務申告されていないということであれば、普通に考えても、それは脱税です。

インターネットの世界でも、

「収入を帳簿に載せず、支出も不明であれば、脱税ではないか」

という指摘がされており、2024年3月の確定申告期には「確定申告ボイコット」というワードがネットでトレンド入りしていました。2024年10月の衆議院選挙で自民党が惨敗したのも、この裏金問題が大きく響いているといえます。

この裏金が、税法に抵触するかどうかというと、「ほぼ黒」だといえるのです。つまりは、脱税状態になっているのです。

そもそも政治家の税金というのは、どういう仕組みになっているのでしょうか？

政治家の収入には、大きく三つの柱があります。一つ目は国からもらう議員としての歳費（報酬）、二つ目は支持者からもらう政治献金、三つ目は党からの助成金です。

この三つの柱のうち、二つ目の政治献金と三つ目の党からの助成金には、事実上、税金が課せられていません。

というのも、支持者からの政治献金や党からの助成金というのは、現在の法律では、政治家個人が受けるのではなく、政治団体が受けることになっているからです。

つまり、政治献金や党からの助成金は、すべて政治団体の収入ということになり、政治団体に対しては、その収入（献金）には税金が課せられないのです。だから、政治献金や党からの助成金をいくらもらっても、無税ということになっているのです。

しかし、党からの助成金については、プールしてはならないことになっています。党からの助成金は、「必要な政治活動費をもらっている」という建前があり、もし残額がある場合は、党に返還するか収入として計上するかしないとならないのです。

国税庁も国会議員に対して、

「政党から支給された政治活動費に残額があれば、それは雑所得になります」

と明示しています。

だから、党からの助成金に残額があり、それを税務申告していなければ、「申告漏れ」「課税漏れ」ということになるのです。

国税は政治家には弱い

パーティー券のキックバックというのは、党からの助成金にあたるので、これに残額がある場合は、課税漏れになるのです。

国税としては、当然、残額があるかどうかを調査しなければならないはずなのです。

なのに、なぜ国税は裏金議員に対して、税務調査をしないのでしょうか？

その理由は、簡単です。

国税は政治家に弱いからなのです。

国税は本来、総理大臣に対してさえも、税務調査を行い、脱税を摘発する権利を持っています。

しかし、国税が政治家を税務調査することは、ほとんどありません。

国税はその理由として、「政治団体には法人税が課せられないから」と述べていますが、この理由は詭弁《きべん》です。

たしかに政治団体には、原則として法人税は課せられていません。しかし、政治家個人には、所得税が課せられており、税務署への申告義務があります。もし、その申告におかしな点があれば、税務署は政治家を税務調査することもできるし、その関連から政治団体のお金に斬り込むこともできるはずなのです。

また、国税は本来、政治団体へも税務調査を行う権利を持っているのです。政治団体は、法人税の申告義務はありませんが、源泉徴収税を払う義務はあります。

だから、法人税の税務調査はできなくても、源泉徴収税の税務調査はすることができるのです。

実際に、学校など法人税がかからない団体に対しても、源泉所得税の税務調査は行われています。

源泉所得税の調査では、学校の理事などが個人的に費消していないかどうかを徹底的に調べます。学校だけではなく、福祉団体など、法人税がかからない団体にも、「源泉所得税の調査」は普通に行われています。

源泉所得税の税務調査が行われていないのは、政治団体だけなのです。

これまで国会議員でも、脱税で摘発された者はいます。ただし、それは政敵が政権を握ったために見せしめ的に税務調査に入られたり、巨額の不正蓄財をマスコミから嗅ぎつけられたりしたために、やむを得ず国税が動いたというケースなのです。

国税が自発的に政治家に税務調査を行ったケースは皆無だといえるのです。

これは憲法の「法の下の平等」に反するものです。

だから、国税庁は、政治団体にどんな収入があるのか、政治活動費が何に使われたのか、本当に政治活動に使われたかどうかを徹底的に調べるべきなのです。それをしなければ、ほかのどんな税務調査もする資格がないといえます。

政治家の税負担率は国民の1割？

税務調査のこと以前に、そもそも政治家というのは、税制面において非常に優遇されているのです。

税金の世界では、十五三一《とおごうさんぴん》という言葉があります。

これは税務署が把握している各業界の人たちの「収入」を示した、税務の世界での隠語です。

サラリーマンは収入の10割が税務署に把握されていますが、自営業者は5割、農家は3割しか把握されていないということです。そして政治家にいたっては、1割しか把握されていないのです。

つまり、政治家は、実質的な収入に比して10分の1しか税金を払っていないということです。

なぜ、政治家は、そんなに税金を払わないで済んでいるのでしょうか？

政治団体のお金であっても、政治家が個人的なことに使ったならば、本来であれば、政治家への利益供与ということで税金が課せられます。

しかし、税制上、「政治活動費」というのは、限りなく広範囲に認められており、「政治活動費として使った」と言えば、税金が課せられることは、まずないのです。

たとえば、毎晩、高級料亭で会食したとしても、それは「政治活動費」だとして、経費として処理されるのです。自民党の二階《にかい》俊博《としひろ》氏が、書籍代として3500万円を計上していたことが取り沙汰されましたが、そういうことも平気で行われてきたのです。

このように、そもそも政治家というのは、税制上、非常に恵まれているのです。

日本に世襲政治家が多い理由

昨今、日本では世襲議員が非常に増えています。

過去20年で総理大臣10人のうち6人が世襲議員なのです。こんな国は先進国ではどこにも見当たりません。

テレビ朝日《あさひ》のデータによると日本の衆議院議員の23%は世襲議員です。アメリカ、イギリスは7%程度、ドイツは1%以下です。日本の世襲化は著しいといえます。

これほど世襲化が進んだ大きな理由として、「政治家の税金優遇制度」があります。というのも、政治家の場合、どれだけ遺産があっても、それが「政治資金」であれば、相続税が課せられないのです。

その仕組みは次の通りです。

政治団体に個人が寄付をする場合、非課税となっています。そして政治資金規正法で、個人は政治団体に年間2000万円までは寄付できるようになっているのです。

だから、親が毎年、2000万円を子供の政治団体に寄付していけば、相続税をまったく払わずして、自分の資産を譲り渡すことができるのです。

さらに政治団体から政治団体に寄付をする場合も、非課税であり、しかもこの場合は、寄付金の上限額はありません。

だから、事実上、政治団体のお金には相続税も贈与税も課せられないのです。

世襲議員の場合、親も本人も別個の政治団体をつくっています。親の政治団体から子供の政治団体に寄付をするという形を取れば、何億円であろうと何十億円であろうと無税で相続することができるのです。

もし親が急に死亡した場合でも、親の政治団体から子供の政治団体にお金を移せば、相続税はゼロで済むのです。

このように親の政治家がため込んだお金が無税で子の政治家に渡るシステムがあるので、世襲政治家が増殖することになったのです。

少なくとも、この相続税の優遇制度は廃止しないと、世襲政治家の増殖は止められないし、日本の低迷も止められないといえます。

二世議員たちは相続税を払わなくていい

世襲政治家には、「政治団体を使った相続税逃れ」のほかにも大きな問題があります。それは、「政治家の地盤」にも相続税が課せられていないという問題です。

二世議員のほうが選挙に勝ちやすいという現状があります。

だから、各党は二世議員を担ぎたがるのです。政治家が急死すれば、大急ぎで選挙に出られる子供を探します。世間知らずのお嬢ちゃんやお坊ちゃん、それもいなければ配偶者までもが担ぎ出されます。

なぜ、二世議員が選挙で強いのかというと、親の知名度や地盤を使えるからです。

地盤や知名度というのは、莫大《ばくだい》な財産です。通常、財産をもらえば、贈与税がかかります。親が死んでからもらったとしても、相続税がかかるのです。

そして経済的な価値が生じるものには、すべて相続税が課せられることになっています。選挙の地盤に関しては、非課税などという取り決めはありません。

二世議員たちは、地盤という莫大な財産を得ているにもかかわらず、その上、税金も払っていないのです。

これを事業家の子供に置き換えればわかるはずです。事業家の息子がその事業を継承するために、株を贈与された場合、その価額に応じた税金を払わなければなりません。企業価値の高い会社の株であれば、莫大な額になります。

政治家の地盤というのは、金額に換算すると相当な額になります。

一回の選挙を行うだけで、平均でも市議会議員レベルで数千万円、県議会レベルで数億円、国会議員では数十億円規模のお金が必要だといわれています。そんな多額のお金を何度もつぎ込んで固めてきた地盤なのだから、相当な価値があるはずです。

これほど二世議員が増殖したのは、そのような莫大な財産を無税で譲り受けられたからです。二世議員の地盤に税が課せられていないというのは、公平性の観点から見てもおかしいのです。

国税当局に、なぜ政治家の地盤を譲るときに税を徴収しないのかと聞けば、おそらく、選挙の地盤などは、実際の価値がわからないからという言い訳をするでしょう。

しかし、実際の価値がわからなくても、価値があるのならば、課税すべきです。また、実際の価値がわからなくても、どうにかして測るのが国税の仕事です。選挙費用の相場などを参考にすれば、金銭的価値はわかるはずです。

現在の日本の低迷と世襲政治家の増殖はまったくリンクしています。

日本は戦後、世襲政治家が総理大臣になるケースはほとんどなく、平成（1989〜2019年）になる前の14人の総理大臣のうち、世襲政治家は鳩山一郎《はとやまいちろう》だけでした。

しかし、平成になってからは世襲政治家ばかりが総理大臣になるようになり、実に6割以上の総理大臣が世襲政治家だったのです。

平成の時代の日本は「失われた30年」ともいわれ、日本が急速に衰退していった時期なのですが、この平成の時代には世襲総理大臣が激増しているのです。

日本が、何十年も前からわかっていた少子高齢化をまったく防ぐことができず、国民生活がどんどん苦しくなってしまったのも、世襲政治家ばかりになったことが原因の一つだと思われます。

また、世襲政治家の弊害として、利権やしがらみの引き継ぎという面もあります。親が持っていた利権やしがらみは、子供にもそのまま引き継がれます。

旧統一教会（世界平和統一家庭連合）と関係が深い政治家が異常に多かったのも、親の世代から付き合いがあったことが要因の一つとして考えられるのです。

そして日本でこれだけ世襲政治家が増えたのは、相続税の優遇制度が非常に大きな原因だといえます。政治団体という、税金のブラックボックスを早急に叩き壊し、地盤に課税するなどして、政治家が所得税や相続税を当たり前に払うようにならないと、日本の政治はいつまでもよくならないどころか、日本の衰退は止められなくなるのです。

自民党女性局のフランス旅行に課税を

政治家の税金には裏金だけではなく、ほかにもいろんな抜け穴があります。

たとえば、２０２３年にネット上で炎上した自民党女性局のフランス旅行もそうです。松川《まつかわ》るい参議院議員、今井絵理子《いまいえりこ》参議院議員ら自民党女性局の38人がフランスを訪れ、その写真をSNS（ソーシャル・ネットワーキング・サービス）にアップしたところ、「ただの観光旅行じゃないか」

と世間からの猛反発を食らいました。

議員らは、

「有意義な研修を行い、合間に少し観光しただけ」

「自分たちで負担しているお金もある」

というような言い訳をしましたが、3泊5日の旅程のうち研修時間はわずか6時間で、日程の大半が観光であることが判明するなど、火に油を注ぐ状態になりました。

この旅行に関しては、実は税務の面から見ても大きな問題があったのです。それは「この旅行費用に関して彼女らはちゃんと税金を払っているのか？」という問題です。

研修旅行など、仕事の業務で旅行する場合は、その費用はすべて会社の経費で落とすことができます。この女性局の場合も、自民党の党費で賄うことができます。そして、その旅費に関しては、税金はかかりません。

しかし、研修旅行ではなく、観光旅行だった場合、それを会社が支出したならば、それは給料と同じ扱いになり、税金が課されます。

それは政治家であっても同様であり、研修ではなく観光旅行の費用を、党が負担したのであれば、党が負担した金額については税金が課せられなければならないのです。

税務的には完全にアウト

そして研修旅行か観光旅行かというのは、明確に区分されます。

一部が研修旅行で、一部が観光旅行であり、研修旅行の部分は会社に出してもらい、観光旅行の部分は当人が負担するなどということは許されないのです。

全体が研修旅行であり、その一部で観光をしたというくらいであれば黙認されますが、その旅程の半分以上が観光旅行であれば研修旅行自体が否認されることになります。

つまりは、今回の女性局の旅行は、税務上は研修旅行ではなく観光旅行という扱いになるはずです。そして観光旅行になった場合、党費で支出した分は、全額が党から議員に支払った報酬ということになります。

その報酬には当然、課税されなくてはなりません。

さらに、松川議員は、次女を同行させたことが明らかになっています。家族を同行させる旅行が、研修旅行などと認められるわけがありません。次女の旅費を松川議員が負担していたとしても、これは完全にアウトです。

だから、自民党が負担したお金については、課税されないとはならないはずです。

自民党では、このフランス旅行に関して、本人が30万円を負担し、それ以上かかった分を党が負担したと言っていますが、実際は、自民党が主催して旅行全体を取り仕切り、30万円を会費として集めたということでしょう。

案内役や通訳などもいたと思われ、30万円では到底足りていないはずで、党からの支出はかなり大きかったと思われます。

また、もし松川議員が、自分で払ったのは30万円だけで、次女の分の旅費も党から支出されているのであれば、相当な金額を党が出しているはずです。

それらの拠出金には、必ずや課税されるべきです。

自民党は、国民に増税ばかりを求め、最近ではサラリーマンの通勤費にも課税することを検討していました。サラリーマンの通勤費に課税しようとしているくせに、議員のヨーロッパ観光旅行には税金を課さないなどとなれば、不公平極まりない話です。

自民党は、このヨーロッパ旅行の課税処理をどうしているのか、国民に説明すべきでしょう。

また、これまでの議員の外遊についても、どういう課税処理をしてきたのか説明すべきです。

もし課税していないのであれば、もってのほかの話であり、即刻、追徴課税すべきです。議員には弱腰でおなじみの国税庁さん、ぜひ、彼女らに税法通りの処置をしてください。国民が見ているのです。

もし彼女らの旅行が研修旅行として認められ、課税が免除されるのであれば、今後、国民は税を払う気になどなれないはずです。

開業医にも税金の抜け穴が

政治家と同じように税金で優遇されている職業として、「開業医」があります。

医師全体が優遇されているのではなく、「開業医」だけが優遇されているのです。ここは、大事なところなので、間違えないでください。

開業医は、収入にかかる税金（所得税、住民税）においても、相続税においても、信じられないほど優遇されているのです。

まず開業医の収入にかかる税金がどういうことになっているかご説明しましょう。

開業医の場合、最大で社会保険診療報酬の72％が自動的に経費として認められることになっています（社会保険診療報酬が2500万円以下の場合）。

簡単にいえば、開業医は収入のうちの28％だけに課税をしましょう、72％の収入には税金はかけませんよ、ということです。

本来、事業者というのは（開業医も事業者に含まれる）、事業で得た収入から経費を差し引き、その残額に課税されます。しかし、開業医は、収入から無条件で72％の経費を差し引くことができるのです。実際の経費がいくらであろうと、です。

開業医の税優遇制度は収入によって、段階的に定めら

図表 7 開業医の税金の特例

社会保険収入	算式
2,500万円以下	社会保険診療報酬×72%
2,500万円超3,000万円以下	社会保険診療報酬×70%＋ 50万円
3,000万円超4,000万円以下	社会保険診療報酬×62%＋290万円
4,000万円超5,000万円以下	社会保険診療報酬×57%＋490万円

出典：国税庁資料より

れています。**図表7**の通りです。

この算式をご説明しますね。

たとえば、社会保険収入が3000万円だった場合は、経費は次のような計算式になります。

3000万円×70%＋50万円＝2150万円

→自動的に経費になる

この2150万円が自動的に経費として計上できるのです。

収入の約72%にもなるのです。

つまり、実際には経費がいくらかかろうと、この医師は収入の72%を経費に計上できるのです。

この経費率というのは、ほかの事業者と比べても異常に高いのです。

医師というのは、技術職であり、物品販売業ではありません。材料を仕入れたりすることはほとんどないので、仕入れ経費などはかからないのです。だから、基本的にあまり経費がかからない事業なのです。

普通に計算すれば、経費はせいぜい30〜40％くらいです。にもかかわらず、約70％もの経費を計上できるのです。税額にして、500万〜900万円くらいの割引になっているといえます。

この制度は世間の批判を受け、縮小はされていますが、廃止されることなく現在も残っています。

開業医には相続税もかからない

しかも開業医は、「相続税も事実上かからない」のです。

別に脱税しているわけではなく、制度上、税金がかからないようになっているのです。

開業医というのは、病院やその土地、医療機器など莫大な資産を持っています。収入が多いのだから、資産も多くて当たり前です。駅前の病院などは、大変な資産価値を持つ場合も少なくありません。

これらの資産は、無税で自分の子供などに引き継がれるのです。

そのカラクリはこうです。

開業医は、自分の病院や医療施設を、医療法人という名義にします。

医療法人というのは、医療行為をするための公益的な団体という建前です。学校法人や、財団法人などと同じように、大きな特権を与えられています。

この医療法人をつくるのは、そう難しいことではありません。

開業医が、適当に役員名簿などを作成して申請すれば、だいたい認められます。

個人経営の病院と、医療法人の病院が、医療内容的にどう違うかというと、実際のところは全然変わりません。医療法人の病院は、ただ医療法人の名義を持っているというだけです。が、税金面で全然違ってくるのです。

医療法人というのは、建前の上では「公のもの」という性質を持っています。しかし、実際には、その医療法人をつくった開業医が実質的に私的に支配しているし、外部の人間が立ち入ることはできないのです。

つまり、医療法人というのは、事実上、特定の開業医が経営しているのです。

にもかかわらず、医療法人には相続税がかからないのです。

医療法人が持っている病院や医療機器というのは、あくまで医療法人の所有という建前です。実質的には開業医の所有物なのですが、名目的には医療法人の持ち物なのです。だから、実質上の経営者の開業医が死んで、息子が後を継いだとしても、それは単に医療法人の中の役員が交代しただけという建前になるのです。名義上は、息子は父親の資産は何一つ受け取っていない、ということです。実質的には、息子は父親の財産をすべて譲り受けているにもかかわらず、です。

という具合に、開業医は相続の面でも非常に恵まれているわけです。

医師の息子が、5浪、6浪をしても医学部を目指しているという話を時々聞いたことがあるのではないでしょうか？　これは、何浪したって、開業医になれば、十二分に元が取れるからなのです。

「開業医」ばかりが儲かる仕組み

しかも開業医は、税金だけではなく、診療報酬などの面でも優遇されています。

開業医の優遇制度というのは、医療全体に張り巡らされているのです。

たとえば、近年「メタボリック」という言葉が大々的に流布されましたが、これも開業医の収入を増やすためのものだともいわれています。国民にメタボリックの危険を植えつけることにより、開業医だけがもらえる「特定疾患療養管理料」というものを増やそうということです。

「特定疾患療養管理料」というのは、高血圧、糖尿病、がん、脳卒中など幅広い病気に関して、療養管理という名目で、治療費を請求できるというものです。

国公立などの大病院には、この「特定疾患療養管理料」を請求することは認められておらず、開業医にだけ認められているのです。つまり、メタボリックに関する「特定疾患療養管理料」というのは、開業医の収入を増やすためにつくられたようなものなのです。

この「特定疾患療養管理料」だけではなく、大病院と開業医でまったく同じ治療をしても、開業医だけが治療費を上乗せ請求できるという制度がいくつもあるのです。

患者は普通、医師の出した請求の通りに治療費を支払います。大病院と開業医との間で、料金の違いがあるなどとは知りません。それをいいことに、ドサクサに紛れて上乗せで料金を請求しているのです。

しかも最近ではほとんどの国公立病院では原則として、

「かかりつけ医の紹介状なしでは受診できない」

「もし紹介状なしで受診する場合は初診料が5000円程度上乗せされる」

という制度があります。

国民は病気をすれば、まず近くの開業医に行かなければならないという仕組みになっているのです。

とにかくとにかく、日本の医療システムというのは、開業医の利権を守るようにつくられているのです。

その結果、開業医というのは、勤務医よりもはるかに収入が多いのです。

厚生労働省の「医療経済実態調査」では、開業医や勤務医の年収は、近年、おおむね次のようになっています。

開業医（民間病院の院長を含む）　約3000万円
国公立病院の院長　約2000万円
勤務医　約1500万円

このように開業医というのは、国公立病院の院長よりもはるかに高く、普通の勤務医の倍もの年収があるのです。

国公立病院の院長になるということは大変なはずで、相当の能力を持ち、相当の働きをしないとなれるものではないはずです。が、その国公立病院の院長よりも、開業医の家に生まれ、実家を継いだだけの医師のほうが、たくさん報酬をもらっているのです。

日本最強の圧力団体「日本医師会」

なぜ、開業医だけが、これほど優遇されているかというと、開業医には「日本医師会」という強力な圧力団体があるからです。

新型コロナウイルス禍では、日本医師会がたびたびマスコミに登場し、提言などを行っていたので、ご記憶の方も多いのではないでしょうか？

日本医師会は、日本で最強の圧力団体といわれていますが、この団体は「医師の団体」ではなく「開業医の団体」なのです。日本医師会という名前からすると、日本の医療制度を守る団体のような印象を受けますが、実際は開業医の利権を守る団体なのです。

昨今、日本医師会は、「開業医の団体」と見られるのを嫌い、勤務医の参加を大々的に呼びかけており、開業医と勤務医が半々くらいになっています。が、勤務医が日本医師会に入るのは、医療過誤などがあったときの保険である「日医医賠責保険」に加入するためであることが多いとされています。少なくとも勤務医の大半は、「日本医師会が自分たちの利益を代表しているわけではない」と考えています。

日本医師会の役員は今でも大半が開業医であり、「開業医の利益を代表している会」であることは間違いないのです。

この日本医師会は自民党の有力な支持母体であり、政治献金もたくさんしているので、とても強い権力を持っているのです。というより、日本医師会と自民党は一心同体のような状況なのです。

たとえば、岸田文雄《きしだふみお》内閣で厚生労働大臣を務めた武見敬三《たけみけいぞう》氏は、日本医師会の名物会長だった武見太郎《たろう》氏の息子なのです。武見太郎氏というのは、戦後25年もの長きにわたって日本医師会の会長を務め、現在の日本医師会の優遇制度を構築した人物なのです。

そして武見太郎氏は、自民党との強いパイプを築きました。そのパイプによって自分の息子を厚生労働大臣に就かせるまでになったのです。

つまりは、日本医師会というのは、自民党べったりであり、自民党の一部とさえいえるのです。その結果、開業医は、様々な特権を獲得し、その特権を維持し続けているのです。

住職二人がお布施1億5000万円を私的流用した件

政治家、開業医と並んで、税金面で優遇されている職業に「住職」があります。しかも住職は、税金で優遇されているだけではなく脱税も非常に多いのです。

たとえば、2023年はじめに、非常に興味深い「税金ニュース」が報じられました。住職二人が、お布施を1億5000万円も私的に流用したため、国税から所得隠しと認定され、約7000万円の追徴課税を食らったというのです。

この事件のあらましはこうです。

2021年に、和歌山県田辺《たなべ》市と、すさみ町にある二つの宗教法人（寺院）が、大阪国税局の税務調査を受けました。この二つの宗教法人の代表住職二人が、檀家《だんか》からのお布施、計約1億5000万円を私的に流用していることが発覚したのです。

この二つの宗教法人の代表二人は、それぞれ7～8か所の寺の住職を兼務していました。

この二人は2021年までの7年間で、法事などでもらったお布施を宗教法人に入れずに、自分の口座に入れ、個人的に使ったりしていました。

大阪国税局はこの私的流用を「報酬」として認定し、追徴課税したのです。しかも、これは「所得隠し」とみなされ、罰金的な税金である重加算税も課せられています。

田辺市の住職は、

「お布施は少額だったので、帳簿もつけず、個人口座で管理していた」

すさみ町の住職は、

「徴収漏れはミスでしてしまった」

と話しているそうです。

実は僧侶は脱税常習犯

寺の住職というと、仏に仕える身であり、脱税なんて絶対やらないというようなイメージを持っている方も多いかもしれません。

でも事実はまったく逆です。

寺の住職というのは、ほかの業種に比べて非常に脱税が多いのです。寺を税務調査した場合、70％以上の割合で、課税漏れが見つかるのです。業種全体の平均値が60％台なので、寺は平均よりも10ポイントも脱税率が高いといえます。

寺の場合、脱税する総額がそれほど大きくないので、起訴まではされず、ニュースなどにはあまり取り上げられないのですが、実際は非常に脱税の多い業種なのです。

この和歌山の事件は、所得隠し額が1億5000万円と多額だったためにニュースになったのです。

寺の住職というのは、非常に脱税をやりやすい状況にあります。寺の最大の収入源であるお布施というのは、領収書を発行することはほとんどありません。領収書を発行しないということは、取引記録が残らないということです。また、そのやりとりは密室で行われるので、外部からはまったく見えません。

脱税というのは、こういう状況のときに、もっともやりやすいのです。住職が檀家で、お布施をもらい、そのままポケットに入れてしまえば、脱税は簡単に成立してしまうからです。

つまりは、住職という職業は脱税の〝誘惑〟が多いのです。

「脱税の誘惑」が多いといっても、住職は仏に仕える身。そんな誘惑に負けてほしくないものです。とはいえ、住職も所詮、生身の人間であり、この誘惑には勝てないのです。

そもそも寺の税金は優遇されている

そもそも寺の税金とは、どうなっているのでしょうか？

寺の税金というのは、ちょっと複雑な形態になっています。寺というのは、ほとんどが宗教法人という組織になっています。

そして原則として寺（宗教法人）の宗教活動には、税金はかかりません。法事に行ってお布施をもらっても、そのお布施自体に税金はかからないのです。

が、寺の住職というのは、その寺から雇用され、給料をもらっているという形になっています。そのため、その給料については、税金がかかるのです。つまりは、寺の住職は、税務上はサラリーマンにすぎないのです。

住職は寺の収入の中から、毎月、決まった額を給料としてもらうことになっています。

その給料には、当然、税金がかかり、寺は、会社と同じように住職の給料から税金を天引きして、税務署に納めなければならないのです。

しかし、寺の多くは、住職が「経営者」となっており、会計などは住職の意のままです。寺の会計報告や申告書などは、税務署に提出しなくてはならないことになっています。

本来、宗教法人は、その事業年度の収支計算書を原則として、事業年度終了の日から4か月以内に所轄の税務署長に提出しなければなりません。が、年間収入8000万円以下の小規模な法人などについては、収支計算書の提出を要しないこととしています。

そして、この8000万円の基準値は、事業年度ごとに計算した基本財産などの運用益、会費、寄付金、事業収入などの収入の合計額によるものとされ、土地建物などの資産の売却による臨時的に発生する収入は、8000万円の判定に含めないこととされています。

つまりは、普通の年間収入が、8000万円を超えなければ、申告書を出す必要はないのです。寺などの小さな宗教法人は、この8000万円ルールに守られ、申告も収支計算書の提出も不要とされているのです。

寺の会計などは、一応、檀家などがチェックすることになっていたりはしますが、それも形式的なものです。だから、住職が寺のお布施の一部を抜いても、誰にも気づかれないし、とがめられることもありません。

それは当然、脱税となるのです。

なぜ、小さな寺の住職がベンツに乗っているのか？

人里離れた寺の住職が、ベンツなどの高級車に乗っているのを見たことがないでしょうか？

よくテレビ番組などでも、地方の古い寺の住職が、ありがたい話を聞かせた後、高級車で芸能人をどこかに案内する様子が出てきたりします。そういうのを見て、違和感を抱いた人も多いでしょう。なぜ、寺の住職が高級車に乗ることができるのか、と。

そこには宗教法人特有の経済システムがあるのです。

そもそも寺の住職は、経済的に非常に恵まれています。住職の住居は寺の中にあるので、住居費はほとんどかかりません。普通の民間企業であれば、会社から住居を提供されれば、その住居費は給料と同じ扱いをされ、課税されます。しかし、住職の場合、「そこに住むのも宗教活動の一環」とみなされ、非課税とされているのです。

そして、もし住居に不具合があれば、寺のお金で修繕したりできます。家具などの調度品も、寺のお金から出すことができます。日々の生活でも、光熱費などは、寺と同じ建物なので、相当部分は寺の金から出しているものと思われます。

食べ物も檀家からもらったりすることもけっこう多いので、普通の人より食費は安いはずです。

また、車なども、住職が乗っている車のほとんどは寺のお金で買ったものです。ベンツなどの高級車も、実は寺のお金で買ったものであり、住職は一銭も払っていないのです。

つまり、住職の生活は、大半を寺のお金で賄っているのです。

そして寺というのは、けっこう収入が多いものなのです。信心深い檀家ではないごく「普通の家」でも、年に数回は法事などをします。

一回あたり、だいたい5000円以上のお布施がもらえます。一つの檀家から年間数万円の収入を得ることができるのです。檀家が200人もいれば、定期的な法事だけで、300万～400万円の収入が得られます。

しかも、お葬式という臨時収入もあります。葬式のお布施や戒名などは、普段のお布施よりも一、二桁違ってきます。それらの収入を合わせれば、檀家が200人もいれば、十分にやっていけるのです。

地方の人里離れた寺の住職が、ベンツに乗っていたりするのは、このためなのです。

金閣寺の住職の脱税

これまで、寺の住職が脱税の常習犯だということを述べてきました。

しかし、こう思う人もいるでしょう。

「そういうのは小さい寺の生臭《なまぐさ》坊主がしているだけ」

「由緒ある寺の高僧はそんなことをしない」

と。

しかし、元国税調査官の立場からいわせてもらえば、そういう考えは幻想にすぎません。

どんな高僧であろうと、欲の皮は突っ張っています。筆者は「欲深くない僧」などに一度も会ったことがありません。

それを象徴するようなわかりやすい例をご紹介しましょう。2011年2月に報道された、金閣寺《きんかくじ》（鹿苑寺《ろくおんじ》）の住職の課税漏れ事件です。

この住職は、京都仏教会理事長で金閣寺、銀閣寺《ぎんかくじ》の住職も務める臨済宗《りんざいしゅう》相国寺《しょうこくじ》派《は》の有《あり》馬頼底《まらいてい》管長です。有馬管長は、人に頼まれて掛け軸に揮毫《きごう》などをしていましたが、この揮毫で得た報酬を申告していなかったのです。

その額は、過去5年間で約2億円にものぼりました。有馬管長は、いわば日本の仏教界のドンでした。そのドンが2億円もの所得を申告していなかったのです。

有馬管長によると、揮毫の報酬は申告しなくていいと思っていたそうです。

世間一般の感覚からいえば、

「2億円ももらっておいて、申告しなくていいはずはない」

というところです。

が、この有馬管長は、「高僧ともなれば、税金も免除される」と思ったのでしょう。

しかも有馬管長だけではなく、由緒ある寺や有名な高僧が税金を誤魔化していたという例は、ごまんとあります。僧というのは、なんとも罰当たりな人たちなのです。

第3章

本当は税金を払いすぎている日本のサラリーマン

サラリーマンは副業をすれば税金還付が受けられる？

昨今では自民党の裏金問題など、国民としては税金を払うのがバカバカしくなってしまう世の中です。税金と社会保険を合わせた負担率は50%にもなるのに、大した行政サービスも受けられない、そんな不満を持っている人も多いはずです。

が、文句を言っても、税負担は変わりませんので、ぜひ少しでも税金を軽くする手段を講じたいものです。その手段の一つとして、「副業して税金還付」というスキームがあります。

実は現在の税制では、サラリーマンが副業すれば、税金が還付されることがあります。これを使えば、けっこうサラリーマンの税金は還付されるものなのです。

が、これを聞いても躊躇《ちゅうちょ》する人も多いようです。

「副業するのはハードルが高い」

「副業して赤字が出たときに税金が還付されるんだろう？　赤字が出るなら損じゃないか」

と思っている人も多いはずです。

が、この「副業して税金還付」のスキームは簡単です。誰でもすぐに始められる簡単な副業であっても、税金還付が受けられる可能性があるのです。

そして「赤字を出して税金還付を受ける」といっても、必ずしも損をするわけではありません。実質的には、まったく損をせずに、税金還付を受けられる方法もあるのです。

サラリーマンは、節税の範囲が非常に限られていますが、副業をすることで、自営業者並みの節税スキームを手に入れることができるのです。

税金還付を受けられる副業とは？

「サラリーマンが副業をして税金還付を受ける」

というのは、簡単にいえば、

「副業をして赤字を出し、サラリーマンの給料から源泉徴収された税金の還付を受ける」

ということです。

が、どんな副業にもこのスキームが使えるかというと、そうではありません。

このスキームが使えるのは、
「副業として自分で事業をやっている人」
「副業として不動産業をやっている人」
に限られます。

昨今では、会社が副業を奨励するようなところもあり、サラリーマンの副業の方法も、いろいろあります。ネットのアンケートに答えて小銭を稼ぐようなものから、メルカリなどでものを売ったり、中にはコンビニなどでアルバイトをしていたりする方もおられるでしょう。

とはいえ、そのすべてで、「サラリーマンの給料から源泉徴収された税金を還付してもらう」ことができるわけではないのです。

たとえば、副業としてコンビニなどでアルバイトをしているような人、つまりはパートやアルバイトの人は、「サラリーマンの給料から源泉徴収された税金を還付してもらう」ことはできません。

ただし、パートやアルバイトの人でも、パートやアルバイトの給料から源泉徴収されているようなら、その源泉徴収分は、申告すれば還付される可能性があります。

一方、メルカリでものを売っているような人、ネットのアフィリエイトで稼いでいるような人は、

「自分で事業をやっている人」

ということになるので、

「サラリーマンの給料から源泉徴収された税金の還付を受ける」

可能性があります。

また、ウーバーイーツなどの宅配のアルバイトをしている場合や、個人事業として契約されている場合は、税金還付の可能性があります。ただし、宅配をしている人でも、個人事業ではなく、普通のアルバイトとして契約している場合は、税金還付にはなりません。

しかし、たとえば、ウーバーイーツ社の場合は、宅配員は個人事業主という扱いになっていますので、税金還付の可能性があります。

アルバイト契約の場合でも、アルバイトの給料から源泉徴収された税金は、申告すれば還付される可能性があります。

サラリーマンが副業して税金還付される仕組み

「サラリーマンが副業して税金還付される仕組み」

というのは、ざっくりいえば、サラリーマンが副業で赤字を出し、その赤字を給料から差し引くことで、会社から源泉徴収されていた税金が還付される、と仕組みです。

簡単にいえば、次のようなことです。

副業をして赤字を出す

↓

給料から副業の赤字を差し引く

↓

課税される給料が減額される（もしくは消滅する）

↓

すでに源泉徴収された税金が還付される

「副業して赤字を出したら税金が戻ってくる」と言われても、「?・?・」と思う人も多いはずです。また、赤字が出たら損をするのではないかと思う人もいるでしょう。

しかし、不思議なことに、実質的には損が出ていなくても、副業で赤字を出し、税金を還付してもらうことは可能なのです。その仕組みを理解するには、ちょっとした税金の知識が必要となります。

それを順にご説明しましょう。

サラリーマンが会社から天引きされている税金というのは、所得税と住民税です。所得税も住民税も、その人の所得に応じてかかる税金です。

でも、この税務上の所得というものが、実はちょっと複雑なのです。

税金が課せられる所得には、給与所得、事業所得、不動産所得など10個の種類があります。サラリーマンの所得は、通常は給与所得に分類されます。

もっとも、この所得の種類は、一人につき一個とは限りません。

たとえば、サラリーマンをやりながら不動産収入がある人もいます。そういう人の場合は、給与所得と不動産所得の二つの所得があることになります。

そういう「複数の所得がある人」は、複数の所得を合計して、その合計額に対して税金が課せられることになります。そして給与所得と事業所得がある人の場合、二つの所得は合算されることになっているのです。

たとえば、給与所得が500万円、事業所得が500万円あった場合、この人の所得は合算され、1000万円ということになります。事業所得というのは、事業を行ったときの所得のことです。

事業所得で赤字が出れば、給与所得から差し引かれる

ところで事業所得には「赤字」を計上することが認められています。

つまり、事業所得はプラスだけではなく、マイナスになることもあるのです。

事業所得というのは、先ほども述べましたように、何か事業を行ったときの所得のことです。そして給与所得と事業所得がある人が、事業所得に赤字があれば、その赤字を給与所得から差し引くことができることになっています。

たとえば、給与所得が600万円、事業所得の赤字が200万円あった場合、この人の

所得は600万円－200万円で、400万円ということになるのです。

が、この人の場合、すでに会社の源泉徴収において「600万円の所得として」税金が天引きされています。でも、この人の合計所得は400万円しかないので、納めすぎの状態になっているのです。

これを税務署に申告すれば、納めすぎの分の税金が戻ってくる、というわけなのです。

給与所得が600万円、事業所得が200万円の赤字の場合、

給与所得600万円－事業所得の赤字200万円＝自分の所得400万円

給与所得600万円として税金がすでに源泉徴収されているので、

給与所得600万円分の税金－所得400万円分の税金＝還付される税金

となります。

サラリーマン副業節税は国税も認めている

このサラリーマンが副業して節税する方法は、何かトリッキーな感じもしますが、国税が認めている、れっきとした節税方法です。

ただし、この節税方法にはいくつか条件があります。

まずは副業を事業所得として申告することです。

本来、副業的な収入は雑所得として申告するのが普通です。雑所得というのは、ほかのどの所得にも区分されない所得、年金所得など額が小さくて取るに足らない所得などのことです。

この雑所得というのは、赤字が出ても、ほかの所得と通算することができません。

たとえば、売上80万円で、経費が100万円だった場合、雑所得はゼロということにされ、赤字の20万円は税務申告の上では無視されてしまうのです。

なので、「サラリーマン副業節税」をする場合は、雑所得ではなく、事業所得として申告するのです。事業所得ならば、赤字が出た場合、ほかの所得との差し引きができるからです。

つまり、サラリーマン副業節税は、「副業を事業所得で申告する」というのが肝心です。

「事業」というと、大々的に商売をしているという印象があり、ちょっとした副業程度では事業とはいえないような感じもあります。

しかし、サラリーマンが本業をしながらできる副業であっても、事業所得として申告することは不可能ではない、のです。

実はサラリーマンをしながら事業所得を申告している人は昔からたくさんいます。

たとえば、サラリーマンをしながら家業の酒屋さんを継いでいるというような人の場合。

そういう人たちは昔から立派に「事業」として申告していたのです。

だから、理屈の上では、どのような「事業」であろうと、事業をしてさえいれば事業所得として申告することは可能なのです。

が、かといって副業をすれば、誰でもすぐに「事業所得」として申告できるわけではありません。

一定の条件があるのです。

これまでサラリーマンの副業を「事業所得」として申告するのか雑所得として申告する

のかの税務上の明確な線引きはありませんでした。

しかし、2022年に国税庁が「取引記録を帳簿で残すこと」という条件つきで、「事業所得としての申告を認める」という通達を出しました。

この取引記録というものは、ノート記載など簡易なものでもいいということになっています。もちろん、事業の実態がないのに、取引記録だけを残してもダメです。

副業を事業所得で申告するには、

◎事業の実態があること
◎取引の記録を帳簿で残していること

が条件だといえます。

ふるさと納税をやってみよう

一般の人の節税方法として、外せないのが「ふるさと納税」です。

現在の税制では、「ふるさと納税制度」というものがあります。これは、自分が好きな自治体に寄付をすれば、その分、所得税、住民税が安くなるという制度です。

最近では「ふるさと納税専用の業者」などが宣伝していますので、ご存じの方も多いはずです。

「ふるさと納税」は、所得税、住民税を払っている人であれば、ほぼ誰でも大きなメリットがあるのですが、実はまだそれほど普及していません。ふるさと納税の利用者は2023年度で約891万人です。住民税所得割の納税者が約6000万人ですから、対象者の6〜7人に一人くらいしか利用していないのです。

前項でご紹介した「副業して税金還付を受ける方法」は、かなり手間を要しますが、ふるさと納税は、まったくそういうことはないのです。ネットショッピングするのとほとんど変わらない感じなのです。

ふるさと納税制度のメリットというのは、ざっくりいえば、

「自分の好きな市町村に寄付をすれば、その寄付額に応じて返礼品がもらえる」

「寄付金は所得税、住民税から控除されるので、実質の負担額は2000円で済む」

「返礼品は2000円よりも高額なものが多いので得をする」

ということです。

このふるさと納税制度は、具体的にいえば、自治体に寄付をすれば、所得税、住民税などが、寄付金からマイナス2000円の額が返ってくるというものです。

たとえば、3万円寄付した場合、そのマイナス2000円、つまり2万8000円分が返ってくるのです。だから、実質的に寄付した金額は2000円なのです。

そして、ふるさと納税制度で自治体に寄付をした場合、自治体側が御礼として、特産品を贈るのが一般化しています。この自治体の返礼品は、寄付金の3割が限度ということになっています。自治体の多くは限度額ギリギリの3割の返礼品を用意していることが多いです。

だから、1万〜3万円程度の寄付をすれば3000〜9000円程度の特産品をもらえることになっているのです。

3万円の寄付をすれば、9000円相当の特産品がもらえます。つまり、2000円程度の寄付金で、9000円分の特産品がもらえるということなのです。

3万円も寄付すれば。かなり価値のある返礼品がもらえるのです。たとえば、お米などの場合は、普通にその地域の銘柄米30キログラム以上が送られてきます。銘柄米30キログラムというと1万5000円くらいします。つまりは、2000円払うことで銘柄米30キログラムをもらえるのと同様になるのです。

各自治体は様々な特産品を用意しています。肉、魚、米、野菜、地酒、うどん、ジャムなどの食料品から、温泉の入浴券、レストランの食事券など、誰もが何かしら欲しいものが用意されています。

自治体のホームページなどに行けば、それを見ることができます。

また、最近では、ふるさと納税の特産品を集めたサイトも多々あります。そういうサイトを見ながら、自治体に寄付をすればいいのです。

これほどわかりやすく大きなメリットがあるのに、なぜやっていない人が多いかというと、やはり手続きの面倒くささが最大の要因でしょう。特にサラリーマンの方は、大半が確定申告をしたことがないので、「申告をする」ということが高いハードルになっているようです。

とはいえ、ふるさと納税の手順は、決して面倒なものではありません。ふるさと納税サイトなどでの手順に従うだけで、誰でも簡単に手続きが完了します。

会社は税金のことを全部やってくれるわけではない

ふるさと納税以外にも、節税方法はたくさんあります。

所得税、住民税には「所得控除」というものがあります。

所得控除というのは、家族を養っていたり、医療費がたくさんかかったりした人などのために、「税金の対象となる所得を減額してあげましょう」という制度です。たとえば、家族を扶養している人が受けられる「扶養控除」、生命保険に加入している人が受けられる「生命保険控除」などです。

収入から様々な所得控除額を差し引いた残額が課税対象となるのです。

だから、所得控除を増やせば、税金は安くなるのです。この所得控除には、いろんなものがあります。

そして世間にはほとんど知られていない所得控除もたくさんあるのです。

「そういうのは会社がやってくれているはず」

と思っているサラリーマンも多いと思われます。

が、その考えは間違っています。

というのも、会社がやってくれる所得控除というのは、扶養控除、社会保険料控除、生命保険料控除など、最低限度のことだけなのです。

会社としても、なるべく面倒なことはしたくないので、いろんな所得控除を調べ上げて、「あなたはこの所得控除を受けられますよ」と教えてくれたりはしないのです。また、所得控除の中には、会社を通さずに自分で行わなければならないものもあります。

だから、所得控除については自分で情報収集しなければならないのです。

が、それもそれほど大変なことではありません。

ちょっと調べれば、自分が該当しそうなものが、たくさん出てくるはずなのです。

実は範囲が非常に広い扶養控除に入れることができる

最初に知っておいていただきたいのが「扶養控除」です。

扶養控除とは、家族を扶養している場合に、その扶養している人数に応じて受けられる所得控除です。

扶養している親族一人あたり38万円を、所得から控除できます（扶養親族の年齢により若干の上乗せがあります）。

38万円の所得控除というと、けっこう大きいです。

所得税率が10％の人の場合は、扶養控除一人につき3万8000円の節税になります。これに住民税の分が加わりますので、合計7万1000円の節税になります。所得税率20％の人ならば、11万円程度の節税になります。

つまり、扶養控除を一人増やせば、だいたい7万円以上もの節税になるのです。

「扶養控除を増やすっていっても、家族は限られているんだから、増やしようがないよ」

「扶養控除は会社がやってくれているよ」

と思ったあなた、とりあえず話を聞いてください。

この扶養控除というのは、実は非常に範囲が広いのです。そして、会社がやってくれている「扶養控除の範囲」というのは、最小限度のものだけです。

だから、本当はもっと扶養控除が受けられるのに、受けられていないというケースもけっこうあるのです。

税法では扶養控除に入れられる家族というのは、6親等以内の血族もしくは3親等以内の姻族ということになっています。

6親等以内の血族ということは、自分の親族であれば、いとこの子供や、祖父母の兄弟姉妹でも扶養に入れることができるのです。また、3親等以内の姻族ということは、妻の叔父、叔母でも入れることができるのです。

そして扶養控除に入れられる家族というのは「扶養していること」「生計を一にしていること」「扶養対象者に所得がないこと」が条件になっています。

でも、この「扶養していること」というのは、税法上、具体的な定義はありません。「金銭的にいくら以上、援助していれば扶養していることになる」などという縛りはないのです。だから、面倒を見ていさえすれば、扶養しているということになるのです。

たとえば、あなたは実家から会社に通っているとします。親は定年を迎えており、年金収入だけでやっています。そして、あなたは実家にお金を入れています。

こういうケースでは、親を扶養に入れられる可能性があるのです。

というのも、公的年金収入者の場合、65歳以上の人で、年金収入が158万円以下であれば、無所得の扱いになり、扶養に入れることができるのです（65歳未満の方の場合は、108万円以下）。

たとえば、68歳の父と、66歳の母が、それぞれ150万円ずつ年金を受け取っていたとします。夫婦合計で300万円です。でも、彼ら一人ひとりの年金は158万円以下なので、この両親を二人とも扶養に入れられる可能性があるのです。

また、両親のうち、どちらかは死去して、遺族年金をもらっている場合、遺族年金は税法上の所得としてはカウントされませんので、遺族年金は、いくらもらっていても、無収入ということになるのです。父親が先に亡くなって、母親は遺族年金で暮らしている、というようなケースは、よくありますが、この場合も、扶養控除に入れられる可能性があります。

別居している親を扶養に入れることもできる

また、別居している親を扶養に入れることもできます。

世間では、扶養控除というと「同居している家族のみが対象になる」と思っている人も多いようですが、実はそうではないのです。

離れて暮らしていても、扶養控除の要件を満たしていれば、扶養家族とすることができるのです。要件というのは、先ほどもいいましたように、「扶養していること」「生計を一にしていること」「扶養対象者に所得がないこと」です。

これらの要件では、必ずしも一緒に暮らしている必要はないのです。

扶養控除には、わざわざ「同居老親」という特別枠が設けられています。「同居老親」というのは、70歳以上の親と同居している場合は、普通の扶養控除よりも20万円上乗せの扶養控除を認める、という制度です。

「扶養控除では同居老親に上乗せ額がある」ということは、逆にいえば、別居していても扶養に入れることができる、ということでもあります。

別居している親を自分の扶養に入れている人はいくらでもいるし、税務署がそれをとがめることもほとんどありません。

というより、税務署員自体が、この扶養控除を最大限に活用しています。

税務署員の周囲に、誰の扶養にも入っていない親族がいれば、自分の扶養に入れてしまっているケースは非常に多いのです。

「生計を一にする」という定義も、かなり曖昧なもので、いくら以上のお金を出していなければならない、というような法的な定めはないのです。

実際に、ほとんど金銭的な援助などは行っていないのに、「扶養」としているケースもかなりあります。それは極端な例としても、扶養対象者に多少の援助をしていて、いざというときに面倒を見なければならない立場であれば、十分に扶養控除に入れる資格はあるといえるのです。

自分の両親が無収入で、誰の扶養にも入っていないのであれば、自分の扶養に入れて控除を受けることが可能なのです。

たとえば、親は老人ホームに入っていて、入所料はほぼ年金で賄って、そのほかの親のお金の管理はすべて自分が行い、年金で足りない分があれば補っている、そういう場合も、親を扶養に入れる資格は十分にあるといえます。

無職の夫を妻の扶養に入れることもできる

昨今のコロナ不況では、会社が倒産したり、リストラされたりなどで、職を失っている人も多いようです。そういう場合、もし配偶者（妻か夫）が働いていて、収入がある場合は、迷わず配偶者の扶養に入りましょう。

また、夫が先に定年になり、無職状態になって、妻だけが働いているような場合も、夫を扶養に入れましょう。

配偶者を扶養している場合は、扶養控除ではなく、「配偶者控除」というものが受けられます。

誤解されることも多いのですが、配偶者控除、配偶者特別控除というのは、夫が妻を扶養しているときだけに受けられるものではありません。

妻が働き、夫が主夫をしている場合も受けられるのです。

また、妻の社会保険でも夫を扶養に入れるべきでしょう。

夫の沽券《こけん》にかかわるからといって、妻の社会保険に入れずに、夫が国民健康保険や国民年金に入ったりしては非常に損です。

サラリーマンの厚生年金は一人分の保険料で、夫婦二人分の年金をもらえる資格が生じるものです。これは、妻の厚生年金に夫を入れた場合も同様です。この有利な制度を使わない手はないのです。

また、失業保険を受給中であっても、失業保険は所得ではないので、扶養に入れることが可能です。

夫を扶養に入れるのと入れないのとでは、税金がまったく違ってきます。

配偶者控除を受けると、所得税率5%の人でも所得税、住民税を合わせて5万円以上の節税となります。

また、夫が自営業、妻がサラリーパーソンなどの場合でも同様です。夫の所得が38万円以下ならば、配偶者控除を受ける資格があるのです。

夫を扶養に入れるのは簡単です。サラリーマンの場合は、会社に提出する扶養控除等異動申告書の扶養する配偶者の欄に、夫の氏名を記載すればいいだけです。年末調整が終わった後でも、確定申告をすれば、扶養控除分の税金の還付を受けることができます。

個人事業主の場合は、確定申告のときに配偶者控除の欄に夫の氏名を記入すればいいだけです。

医療費控除って何？

サラリーマンが手を出しやすい節税策として「医療費控除」があります。

医療費控除というのは、簡単にいえば、年間10万円以上の医療費を支払っていれば、若干の税金が戻ってくる、という制度です。本当はもう少し複雑な計算がありますが、原則としてはこういうことです。

医療費の領収書さえ残しておけば、誰でも医療費控除の申告をすることができます。

しかも医療費控除というのは、病院に支払ったお金だけが対象ではないのです。病院での治療費、入院費のみならず、通院での交通費、薬屋さんで買った市販薬、場合によっては、ビタミン剤、栄養ドリンク、按摩《あんま》、マッサージなども含まれるのです。また、昨今、流行りの禁煙治療、ED治療などの費用も医療費控除の対象になるのです。

そういうのを全部足したら、だいたい誰でも年間10万円以上にはなるはずです。

ちなみに医療費控除の対象となる主な医療費は次の通りです（国税庁ホームページより。

注釈は省略）。

1　医師または歯科医師による診療または治療の対価

2　治療または療養に必要な医薬品の購入の対価

3　病院、診療所、介護老人保健施設、介護医療院、指定介護療養型医療施設、指定介護老人福祉施設、指定地域密着型介護老人福祉施設または助産所へ収容されるための人的役務の提供の対価

4　あん摩マッサージ指圧師、はり師、きゅう師、柔道整復師による施術の対価

5　保健師、看護師、准看護師または特に依頼した人による療養上の世話の対価

6　助産師による分べんの介助の対価

7　介護福祉士等による一定の喀痰《かくたん》吸引および経管栄養の対価

8　介護保険等制度で提供された一定の施設・居宅サービスの自己負担額

9　次のような費用で、医師等による診療、治療、施術または分べんの介助を受けるために直接必要なもの（中略）

10　日本骨髄バンクに支払う骨髄移植のあっせんに係る患者負担金

11　日本臓器移植ネットワークに支払う臓器移植のあっせんに係る患者負担金
12　高齢者の医療の確保に関する法律に規定する特定保健指導のうち一定の基準に該当する者が支払う自己負担金

しかも医療控除の対象になるのはこれだけではありません。ほかにも、いろんな裏ワザがあるのです。禁煙治療、ＥＤ治療、それに場合によっては温泉療養、スポーツジムの会費なども、医療費控除とすることもできるのです。

これを知っているのと知らないのとでは、大違いなのです。

医療費控除というのは、その年において多額の医療費を支払った場合に、その支払った医療費のうち一定の金額をその年の所得金額から控除できるというものです。

医療費控除の計算は以下の通りです。

その年に支払った医療費（保険金等で戻った金額を除く）－10万円（注）
＝医療費控除額（最高２００万円）
（注＝その年の総所得金額が２００万円未満の人は、その５％の金額）

たとえば、年収400万円の人がいたとします。この人（家庭）の年間の医療費が25万円かかったとします。

となると、25万円から10万円を差し引いた残額15万円が医療費控除額となります。

課税対象となる所得から15万円を差し引くことができるのです。つまりは、これに税率をかけた分が還付されます。この人の場合だと、所得税、住民税合わせて、だいたい2万～3万円が還付されると思ってください。

年間25万円くらいの医療費は、普通の家庭で普通に使っているものです。それを申告すれば2万～3万円が戻ってくるのです。

つまりは、普通の家庭が普通に申告すれば、2万～3万円が還付になるのです。

サラリーマンのお父さんの小遣いの平均が月3万円程度とされているので、お父さんの1か月分のお小遣いが浮くということになります。

市販薬も医療費控除の対象になる

医療費控除には、あまり知られていない裏ワザがたくさんあります。

その最たるものが市販薬です。

医療費控除というと、病院の診療代というイメージがありますが、市販薬も医療費控除の対象になるのです。

病院に行かない人でも、市販薬というのは、けっこう購入しているものです。風邪薬、目薬、湿布など、健康な人でも何かしら購入しているものでしょう？

この市販薬を医療費控除として申告できれば、医療費控除の範囲は、グンと広がるはずです。

で、市販薬の場合、医療費控除の対象となるケースと、ならないケースがあります。その違いはなんなのか、というと、簡単にいえば、「治療に関するものかどうか」ということです。

「治療に関するもの」とはどういうことかというと、怪我や病気をしたり、体の具合が悪かったりして、それを「治す」ために買ったものであれば、医療費控除の対象となるということです。医師の処方のない市販薬でも、大丈夫です。

一方、「治療に関するもの」でないものというのは、予防のためや置き薬として買ったものなのです。つまり、具体的な病気、怪我の症状があって、それを治すために買ったものであればOK、そうでない場合はダメということです。

でも予防か治療かというのは、曖昧な部分でもあります。

たとえば、ちょっと風邪気味だなあ、薬でも飲んでおくか、と思って市販薬を購入した場合。これは予防なのか、治療なのか、判別は難しいところです。

こういうときは、どう判断すればいいか？

有り体にいえば、自分が「治療だと思えば治療」ですし、「予防だと思えば予防」ということになるのです。

日本の税制では、「申告納税制度」というシステムを採用しています。これは、税金は納税者が自分で申告し、自分で納めるという制度です。この申告納税制度のもとでは、納税者が申告した内容については、明らかな間違いがなければ、申告をそのまま認めるということになっています。

だから、医療費控除の場合も、本人が治療のためと思って購入した市販薬については、税務当局が「それは治療ではなく、予防のためのものだ」ということを証明できない限りは、治療のために購入したとして認められるのです。

もちろん、これは治療か予防か、曖昧なものに限られます。明らかに予防のために購入したということが客観的にわかるものを「これは治療のために買った」と言い張っても、それは通りませんので、ご注意ください。

ビタミン剤、栄養ドリンクも

また、これもあまり知られていませんが、ビタミン剤や栄養ドリンクも、「一定の条件」を満たしていれば医療費控除の対象となります。

ビタミン剤や栄養ドリンクを医療費控除に含めることができれば、医療費控除の額はかなり増加するのではないでしょうか？

「病院にも行かない、薬も買わない」

という人でも、ビタミン剤や栄養ドリンクを買う人は、けっこういるでしょう。なので、医療費控除の申告をする際には、ぜひビタミン剤や栄養ドリンクを対象に含める術を会得していただきたいものです。

ビタミン剤や栄養ドリンクを医療費控除に含めるための一定の条件というのは、次の二つです。

◎何かの体の不具合症状を改善するためのものであること

◎医薬品であること

つまりは、体がどこも悪くないけれど、とりあえず飲んでおこう、というようなビタミン剤や栄養ドリンクはダメだということです。

どこか具合が悪いところがあって、それを改善するために飲む、というのが、まず原則です。ただし、これには医師の処方箋などは必要ありません。

まあ、ビタミン剤や栄養ドリンクを飲むときというのは、体がどこか悪いときですからね。だから、ビタミン剤や栄養ドリンクも、かなりの範囲で、医療費控除の対象になるということです。

そこで気をつけなくてはならないのが、ビタミン剤や栄養ドリンクは、医薬品でなくてはならない、ということです。ビタミン剤や栄養ドリンクも多々ありますが、医薬品になっていないものは、対象とはならないのです。ビタミン剤や栄養ドリンクを買う際には、医薬品かどうかをチェックしておきましょう。

セラミック歯、子供の歯の矯正も対象になる

これもあまり知られていませんが、セラミック歯も医療費控除の対象になります。

むし歯の治療のときに、銀歯は健康保険の対象となりますが、セラミックは健康保険の対象となりません。セラミックは、銀歯と比べてかなり高額であり、美容の意味合いがあるので、健康保険の対象とはなっていないとされています。

しかし、セラミックは健康保険の対象にはなっていなくても、医療費控除の対象にはなっているのです。

治療ではなく、美容のための医療行為は、原則として医療費控除の対象にはならないはずなのですが、歯の場合は、例外になっているのです。なぜ、そうなっているのか、筆者

にはわかりません。が、せっかくなので、対象となる方は、使わない手はないでしょう。

また、「子供の歯の矯正」も医療費控除の対象になります。

医療費控除というのは、原則として病気や怪我を治す医療費しか認められません。病気の予防や美容に関するものは、控除対象にはならないのです。

だから、基本的には歯の矯正も控除対象にはなりません。

ですが、子供（未成年）の歯の矯正に限っては、医療費控除の対象となるのです。

子供の場合は、歯の不正咬合《こうごう》によって、体調などに影響が出る、ということになっているようで、歯の矯正は治療の一環として認められるのです。

歯の矯正は、非常にお金がかかるものです。なので、いつか矯正したいと思っているならば、子供のうちに矯正をしておけば、将来のためにもなるし、節税にもなるということです。

このように、歯科の場合は医療費控除の対象がユニークなので、以下に、対象になるもの（◯）と、ならないもの（×）を整理しておきますね。

◯むし歯の治療（銀歯）

〇むし歯の治療（セラミック等、健康保険適用外のもの）
×ホワイトニング
×歯の矯正（大人）
〇歯の矯正（子供）

按摩、マッサージ、鍼灸も

これも、あまり知られていませんが、按摩、マッサージ、鍼灸《しんきゅう》などの代金も、「一定の条件」を満たせば、医療費控除の対象になります。

最近では、長時間パソコンのデスクワークをする方も多く、眼精疲労などで按摩、マッサージなどを利用する方も増えているようです。マッサージ店などは、最近、非常に増加していますからね。

でも、按摩とかマッサージはけっこうお金がかかります。だいたい10分で1000円が相場といわれているので、1時間マッサージをしてもらえば、6000円くらいになるわけです。

これが、もし医療費控除の対象になれば、サラリーマンの方にとっては非常にありがたいわけです。

按摩、マッサージ、鍼灸などを医療費控除とするには次の二つの条件を満たしておかなければなりません。

◎何かの体の不具合症状を改善するためのものであること
◎公的な資格などを持つ整体師、鍼灸師などの施術であること

これも栄養ドリンクなどと同じように、「体がどこも悪くないけれど、とりあえずマッサージしてもらおう」というような場合はダメだということです。どこか具合が悪いところがあって、それを改善するために施術を受ける、というのが原則です。

また、どこの店でもいいというわけではなく、ちゃんと公的な資格を持った整体師、鍼灸師などの施術でないとダメということです。公的な資格を持った整体師、鍼灸師などの店かどうかは、事前にホームページなどで確認しておきましょう。

温泉療養で税金を安くする

医療費控除には、さらにユニークな裏ワザがあります。

たとえば、「温泉療養」です。

医療費控除では、一定の条件のもとで温泉療養でかかった費用も対象となるのです。温泉に入ることで、病気や怪我の治療になることもあるからです。

温泉に行ったら税金が安くなるなんて、こんなおいしい話はないはずです。

しかも温泉療養の場合、温泉施設の利用料だけではなく、温泉までの旅費や旅館の宿泊費なども、医療費控除の対象となります（必要最低限の費用のみであり、旅館での飲食費や、列車のグリーン料金などは認められません）。

ちょっと休みが取れたら、温泉に行きたい、と思っているサラリーマンの方も多いはずです。そういう温泉旅行が、節税にもなるというわけです。

ただし、というか、もちろん、というか、温泉旅行が無条件に医療費控除の対象となるわけではありません。

一定の条件があります。

その条件は、次の二つです。

◎医師が温泉療養を病気等の治療になると認めた場合（医師の証明書が必要）
◎厚生労働省で認められた温泉療養施設を利用した場合

つまり、温泉療養を治療と認めてもらうには、医師から証明書を出してもらわなければなりません。でも、これは医師に頼めば比較的簡単に出してくれます。医師は、自分の腹が痛むわけではありませんからね。

医師は温泉療養指示書というものを出し、その指示書に従って、療養施設のスタッフが温泉療養をケアしてくれます。といっても、基本は温泉に入ることですけれどね。

また、厚生労働省が認めた温泉療養施設は、全国に20か所あります（2016年現在）。

詳しくは、温泉利用型健康増進施設連絡会のホームページをご覧ください。

https://www.jph-ri.or.jp/onsen-nintei/

スポーツ施設利用料も医療費控除の対象となる

温泉療養費用と同じように、スポーツジムの費用も「一定の条件」を満たせば、医療費控除の対象とすることもできます。

メタボリック症候群、生活習慣病の多くは、運動不足が要因の一つといわれており、運動することは、治療の一環でもあるからです。

スポーツジムに行こうと思っているサラリーマンは、けっこういるのではないでしょうか？　もしスポーツジムに行けて、節税になるのなら、一石二鳥というものです。

もちろん、スポーツ施設を使えばどんなものでも対象となるということではありません。

次の条件をクリアしなければなりません。

◎高血圧症、高脂血症、糖尿病、虚血性心疾患等の疾病で、医師の運動処方箋に基づいて行われるものであること

◎おおむね週1回以上の頻度で、8週間以上の期間にわたって行われるものであること

◎運動療法を行うに適した施設として厚生労働省の指定を受けた施設（指定運動療法施設）で行われるものであること

つまり、スポーツ施設の利用を治療と認めてもらうには、医師の証明書が必要となりますし、若干ハードルは高いかもしれません。が、該当する人は、利用しない手はないでしょう。

対象となる指定運動療法施設は、全国で１８７か所あります。あなたの住んでいる地域の近くにも、きっとあるはずです。

詳しくは、公益財団法人日本健康スポーツ連盟のホームページをご覧ください。

https://www.kenspo.or.jp/

交通費、タクシー代も医療費控除の対象になる

医療費控除を申告する際に、忘れられがちなのが交通費です。

医療費控除というと、病院などでかかった治療費や薬代だけが対象だと思われがちです。

しかし、病院や薬局に行くまでの交通費も対象になるのです。

対象となる交通費は、合理的な方法で交通機関を利用した場合の交通費ということになっています。平たくいえば、普通の経路で電車やバスを利用すれば、それが認められるということです。

また、場合によっては、タクシー代も医療費控除の対象になります。

タクシー代が、医療費控除の対象となる場合というのは、病状などから見て、タクシーを使わざるを得なかったときということになっています。

が、病院に行くときにタクシーを利用する場合は、そのほとんどが、病状が悪かったり、緊急を要したりするものですから、病院へ行くとき、タクシーを使ったら、ほとんどの場合、医療費控除として算入していいといえます。

この交通費を計上すれば、医療費控除の額はけっこう大きくなるのではないでしょうか？

特に定期的に病院に通っているような人は、かなり交通費がかさんでいるはずです。

「えぇーっ！　知らなかったよ。でも領収書をもらっていないよ、残念」

というような方もおられるかもしれません。

が、そういう場合も諦める必要はありません。電車やバスなどで、交通費がかかった場合は、一回にかかる電車賃、バス賃と、病院に行った回数を集計して、計上しておけばいいでしょう。税務署もそこまでうるさくは言いません。ただし、タクシー代などの場合は、領収書がないと難しいでしょう。

サラリーマンでも経費計上する方法がある

ところで自営業者は、自分の税金は自分で計算するので、経費を積み上げて税金を安くすることができます。交際費などをたくさん使って、節税にいそしんでいる自営業者も多いです。しかし、サラリーマンは、原則として自分で確定申告はしないので、経費を自分で申告することはできません。

が、あまり知られていませんが、実は現在の税制では、サラリーマンも一部の経費を申告することが、認められているのです。

一定の条件をクリアすれば、交際費などを経費として計上し、その分、税金の対象から差し引くことができるようになったのです。

この制度は、「特定支出控除」というものです。

サラリーマンで、特定の支出が生じた場合には、それを給料から差し引いてあげましょう、というものです。これは、サラリーマンも、仕事上、いろんな経費が生じるのに、それをきちんと計上できない、という国民からの批判に応える形でつくられた制度です。

「特定支出控除」がつくられた当初は、通勤費用が高額な人、単身赴任などで帰省費用が著しくかかる人などに限定された制度だったので、とても使い勝手が悪いものでした。この制度を利用する人は年間数十名程度という、ほとんど有名無実の制度でした。

やはり、「誰も使っていない、役に立たない制度」と批判されたため、これが2013年に拡充されることになったのです。

この拡充により、通勤費用や転勤費用、技能習得費などの特定支出のみならず、一定の条件を満たせば、交際費や書籍代や衣服費も、計上できるというのです。

一定の条件というのは、「会社の業務に関する費用であること」なので、会社経営者の費用計上の条件と同じです。つまり、サラリーマンは経営者に近いような費用計上の権利を少しだけ手にしたのです。

特定支出控除を受ける条件

特定支出控除の条件についてご説明しましょう。

特定支出控除というのは、サラリーマンが特定の支出が一定以上あったときに、それを課税対象給料から差し引いてあげますという制度です。どのくらいの支出があったときに控除の対象となるかというと、「給与所得控除」の半分以上です。

「給与所得控除」というのは、サラリーマンは、あらかじめ収入に対して一定の割合で控除がされるというものです。サラリーマンも、業務上、いろんな経費がかかるけれど、自営業者のように経費を計上できないので、収入の一定の割合を、経費として認めましょうという制度です。

たとえば、年収400万円の人の給与所得控除は124万円になります。

この124万円の半分の62万円以上の特定支出があった場合は、超えた分だけ控除額を上乗せしましょう、という制度が「特定支出控除」です。

もし年収400万円の人が、100万円の特定支出があった場合には、100万円－

62万円で、38万円が特定支出控除の額となるのです。

特定支出控除に該当する費用には、どんなものがあるかというと、次の7種類です（国税庁ホームページより）。

1　一般の通勤者として通常必要であると認められる通勤のための支出（通勤費）
2　勤務する場所を離れて職務を遂行するための直接必要な旅行のために通常必要な支出（職務上の旅費）
（注）2の支出については、令和2（引用者注＝2020）年分以後、特定支出の対象となります。
3　転勤に伴う転居のために通常必要であると認められる支出（転居費）
4　職務に直接必要な技術や知識を得ることを目的として研修を受けるための支出（研修費）
5　職務に直接必要な資格を取得するための支出（資格取得費）
（注）平成25（引用者注＝2013）年分以後は、弁護士、公認会計士、税理士などの資格取得費も特定支出の対象となります。

6　単身赴任などの場合で、その者の勤務地または居所と自宅の間の旅行のために通常必要な支出（帰宅旅費）

7　次に掲げる支出（その支出の額の合計額が65万円を超える場合には、65万円までの支出に限ります。）（勤務必要経費）

（1）書籍、定期刊行物その他の図書で職務に関連するものを購入するための支出（図書費）

（2）制服、事務服、作業服その他の勤務場所において着用することが必要とされる衣服を購入するための支出（衣服費）

（3）交際費、接待費その他の費用で、給与等の支払者の得意先、仕入先その他職務上関係のある者に対する接待、供応、贈答その他これらに類する行為のための支出（交際費等）

（注）7の支出については、平成25年分以後、特定支出の対象となります。

つまりは、資格取得費用やら接待交際費、書籍代などが、一定の金額を超えた場合には、控除の対象となるというわけです。

平均的サラリーマンならば、これらの費用がだいたい60万円以上かかった場合には、60万円を超えた部分が特定支出控除の対象となるわけです。

これらの支出だけで60万円を超えるというのは、けっこう難しいかもしれません。でも、資格取得に励んでいる人などは、交際費や書籍代などと合わせれば、十分にチャンスはあると思います。

サラリーマンは、知っていて損はない情報だといえるでしょう。現在、毎年２０００人近くのサラリーマンが、この制度を使って節税しています。情報があまり周知されていないわりには、けっこうたくさんの人が使っているようです。

第4章

本当は「お金持ちの税金」ではない相続税

普通の人にも相続税が課せられるようになった

相続税というと、資産家にかかる税金というイメージがあります。

「自分はそんな大きな資産を持っていないから関係ない」

と思ってしまう人も多いはずです。

しかし、そういうふうに思っていると、とんでもない失敗をしてしまいかねません。

というのも、近年、日本の相続税は課税対象者が広くなり、ちょっとした資産を持っているだけで相続税がかかってくることもあるのです。

2015年に、相続税法が大幅に改正されました。これにより、3600万円以上の遺産があれば、相続税がかかってくる可能性が出てきたのです。

税務当局は、お金持ちから相続税をなかなか取れないので、相続税の課税範囲を広げたのです。つまりは、大金持ちからたくさん税金を取るのではなく、ちょっと多めにお金を持っている人からも広く税金を取るようにしたわけです。

それまで死亡者の4%程度しか相続税の対象とはなっていませんでしたが、2015年からは８％の人が相続税の対象となったのです。

３６００万円というと、庶民でも決して持てない額ではありません。相続税の対象は、金融資産だけでなく、不動産など金目のものはすべてです。３６００万円以上の不動産価値を持つ物件など、世の中にはいくらでもあります。豪邸でなくても、普通のマンションでもちょっと駅に近かったり、広かったりすれば、３６００万円を超えてしまいます。

というより、都心部の普通のマンションなら、一戸３６００万円程度はするはずです。そういう普通のマンションに住んでいる普通の人にも、相続税は課せられることになったのです。

そして、普通の人の場合、相続税対策はほとんど行っていないようです。どのくらいの遺産があれば相続税がかかるかも、ご存じない方が多いようです。

また、普通の人の場合、日ごろから税金との深い付き合いをしていません。一方、資産家や経営者、大口投資家などは、所得税、法人税などで日ごろから税金対策をしていることが多いものです。また、税理士に依頼している人も多いですし、税務署にも行き慣れているものです。

が、普通の人、特にサラリーマン家庭では、収入に関する税金はほとんど会社がやってくれるので、税務署にほとんど縁がないという方も多いはずです。

だから、普通の家庭の多くでは、いざ相続が生じたときに税金がかかることがわかって大慌てするというようなことが生じるのです。

税務署への密告者でもっとも多いのは親族

相続に関しては、相続税だけではなく、遺産分配という問題もあります。

あまり資産のない家の場合、日ごろから遺産分配の話し合いなどはしていません。

そのため、いざ相続となった場合、わずかな遺産を巡って、兄弟姉妹、親類たちが相争い、裁判沙汰になったり、没交渉になったりしてしまうケースが多々あるのです。また、血縁者だけならば、まだいいのですが、姻族が絡んでくると、かなり大変になってくるのです。

父親が死亡して、母親と子供たちだけで相続をするのならば、それほどもめることはありません。が、子供たちがそれぞれ結婚して配偶者がいる場合は、その配偶者が口を出してくるのです。

配偶者の場合は、母親やほかの兄弟姉妹に対して、あまり思い入れはありませんから、とにかくもらえるだけもらおうという気持ちになる人が多いのです。それにより、途端に、「争族」が始まってしまうのです。

兄弟姉妹や親類同士による「争族」がいかに多いかということの簡単な例を挙げたいと思います。

筆者は元国税調査官ですが、「争族」ということに関しては嫌というほど耳にしてきました。

実は税務署というのは、市民の密告を奨励している役所です。市民に対して広く脱税の密告を募っているのです。以前は密告に関して報奨金までありました（現在はさすがに廃止されています）。

が、税務署では現在も市民の脱税タレコミを積極的に受けつけており、市民からの密告を受けつける担当者もいるのです。実際に、市民から脱税情報が多数寄せられます。

そして、この市民からの密告でもっとも多いのが、相続に関するものなのです。しかも身内からのものが圧倒的に多いのです。

どういうことかというと、身内がまず「誰々は遺産を隠しているようだ」というタレコミをするわけです。

遺族の中で、誰かが遺産を隠しているのではないか、という疑心暗鬼が生じ、それを税務署に密告し、税務署に調べてもらおうとしているのです。

こういう情報は、大した証拠もない場合が非常に多いのです。税務署としても、大した証拠もない場合は、密告があっても、そうそう気軽に税務調査することはできません。

しかも、そもそも相続税がかかるほどの遺産がないケースのほうが多いのです。にもかかわらず、親族は税務調査をしてほしくて密告をするわけです。

この身内からの密告が多いという事実は、税務署員でさえ気が塞ぐことです。

一番の相続対策は「相続財産を基礎控除以下」に抑えること

相続税を免れるために、まず肝に銘じておくべきなのは、「節税対策は、早く始めるに越したことはない」ということです。相続税対策は、早めに行うということが生命線なのです。

相続税には様々な控除や非課税枠があり、これらをうまく使えば、かなり税金を安くすることができます。

相続資産を相続税の課税ラインである「基礎控除」以下に抑え込めば、相続税はゼロになるのです。そして普通の人の場合、基礎控除のラインを下回るようにするのは、決して難しいものではありません。

基礎控除というのは、課税対象遺産から差し引ける額のことです。この基礎控除以上に遺産があれば、相続税が「かかってくる可能性がある」のです。「可能性がある」といいましたのは、かからない場合もあるからです。相続税には、基礎控除以外にも様々な控除があるので、基礎控除を超えていても、最終的に税金がかからない、というケースも多々あるのです。

だから、いってみれば、基礎控除というのは、相続税がかかるかどうかの最初のチェックポイントのようなものです。

相続税の基礎控除は次の式で算出されます。

3000万円＋（600万円×法定相続人）

だから、もし法定相続人が一人だった場合は、次のような計算になります。

3000万円＋（600万円×法定相続人1名）＝3600万円

つまり、法定相続人が一人の場合は、基礎控除は3600万円になります。

「3600万円以上の遺産があれば、相続税がかかってくる可能性がある」というのは、この法定相続人が一人だった場合の基礎控除額3600万円からきているのです。

が、ほとんどの相続の場合、法定相続人が一人ということはありませんので、基礎控除は3600万円よりも多くなります。

相続人が妻と子供二人だった場合について考えてみましょう。夫が死亡して、妻と子供二人が残されるというのは、よくあるパターンですよね。

妻と子供が遺族の場合は、妻と子供だけが法定相続人になります。なので、法定相続人は3人ということです。

そして法定相続人が3人の場合の相続税の基礎控除の計算は次のようになります。

3000万円＋（600万円×法定相続人3人）＝4800万円

このように法定相続人が3人だった場合は、4800万円が基礎控除ということです。つまり、4800万円以上の遺産がないと相続税は課せられないということです。そして基礎控除というのは、法定相続人が増えるごとに、600万円をプラスしていけばいいわけです。

この基礎控除以下に相続資産を抑えれば、相続税は課せられなくて済むのです。

「年間110万円の贈与」で大半の相続税問題は解決する

普通の人の相続税対策の場合に、最初に覚えていただきたいのが、「贈与税の控除額」です。

これは、ざっくりいえば、贈与税がかからない範囲で、毎年、現金などを親族に分配しておくという方法です。

日本には、贈与税という税金があります。年間110万円を超える贈与があれば贈与税が課せられるのです。親子や親族といえども、年間110万円を超えて金銭や経済価値のあるものを贈与されれば、贈与税がかかってきます。

この贈与税は、相続税の取りっぱぐれを防ぐためにつくられた税金です。資産家は相続税を減らすために、あらかじめ自分の資産を親族に移しておこうとします。生前に自分の資産を誰かに贈与しておくのです。しかし、それを無条件で許してしまうと、相続税は取れなくなってしまいます。

そのために贈与税があるのです。

しかも贈与税の税率はけっこう高いのです。相続税の取りっぱぐれを防ぐためにつくられたものなので、税率は相続税と連動しているのです。

図表8のように贈与税の最高税率は55%なのです。これは相続税の最高税率に合わせてあるのです。だから、うかつに親族に金品を贈与することはできないのです。

が、「1円の贈与でも課税する」となると、現実的ではありません。そもそも親族の間では、経済的な助け合いをするのは、ごく当たり前のことです。一緒に住んで扶養している家族ではなくても、親子や兄弟姉妹ならば、なんらかの経済的な支援をしたりすることは多々あります。

だから、贈与税では、年間110万円までの贈与ならば、税金は課さないということになっているのです。

この年間110万円までの控除額を、相続税対策に最大限利用するのです。

資産が何十億円、何百億円もある資産家にとっては、年間110万円の控除などは、あまり意味がありません。

が、数千万円から1億円程度の資産

図表 8　贈与税の税率

基礎控除後の課税価格	税率	控除額
200万円以下	10%	−
300万円以下	15%	10万円
400万円以下	20%	25万円
600万円以下	30%	65万円
1,000万円以下	40%	125万円
1,500万円以下	45%	175万円
3,000万円以下	50%	250万円
3,000万円超	55%	400万円

出典：国税庁資料より

であれば、年間１１０万円の控除枠というのは、けっこう大きな意味を持ちます。親族一人に対して、１１０万円の贈与を10年間続ければ、１１００万円もの資産を無税で贈与することができます。

また、この贈与税の基礎控除は、「あげる側」ではあく「もらう側」に適用されるものです。

だから、何人にあげても、控除額以内であれば、あげる側には贈与税はかからないのです。親族が数人いる場合は、毎年、それらの親族に１１０万円ずつ贈与して、10年もすれば数千万円の資産を移すことができるのです。

１億円程度の資産ならば、数年で相続税の免税ラインまで引き下げることができるはずです。

この年間１１０万円の贈与税の控除を使う方法は簡単です。親族に対してきちんと贈与するだけでいいのです。申告等の必要はありません。が、必ず「贈与している事実」は必要となります。

「年間110万円の贈与」の注意点

この「年間110万円贈与」には注意しなくてはならない点が二つあります。

一つは、この年110万円の贈与は、きっちり子供が受け取っておかないと、贈与とは認められないケースがあるということです。

たとえば、年間110万円を贈与したことにして贈与したはずの親が預かっておいたり、親が管理している子供名義の預金通帳に入金したりしていたような場合です。

税金の世界では、実質課税の原則というものがあります。名義がどうなっていようと、実質的に誰がそのお金を持っているかで、課税が決まるという原則です。

たとえば、不動産が3歳の子供名義になっていても、その不動産を親が管理しているのであれば、不動産収入は親の収入になるというようなことです。

それと同じように、預金通帳も、名義は誰であれ、実際に保有し、管理している人のものとみなされるのです。だから、親が子供に贈与したつもりで、預金通帳に入金していても、その預金通帳の保管と管理を親がしているような場合は、その通帳は親のものとみなされることがあるのです。

このケースで親が死去した場合は、その通帳は親の財産として相続税の課税対象になってしまうこともあるのです。

昔から、お金持ちが自分の財産を分散するため、家族名義で預金をしているというようなことはけっこうありました。だから、税務署は、相続税の調査をする際には、本人名義の預金だけではなく、家族名義の預金も必ず調べますし、その預金を実際には誰が管理しているのかなども調べます。

なので、贈与税の基礎控除を使って、相続税対策をする場合には、必ずお金のやりとりをし、贈与されたお金は贈与された人が管理するようにしておきましょう。

もう一つの注意点は、「死ぬ前の7年間に贈与したものについては、相続税の対象とされる」ということです。

このルールは、以前は「死ぬ前の3年間の贈与が相続税の対象」になっていたのですが、2024年に改正され、4年もプラスされ、死ぬ前の7年間の贈与は事実上、できなくなったのです。

だから、重い病気になった途端、急に贈与を始めても遅いという可能性が出てきます。死のかなり以前から、生前贈与を始めておかなければならないということです。

死ぬ前の7年間の生前贈与は、相続税の対象資産になってしまうので、たとえば死ぬ20年前くらいから生前贈与をし始めておかなければなりません。

もちろん、自分がいつ死ぬかなどはわからないので、「死ぬ20年前から生前贈与を始める」などという予定は立てられるわけはありません。だから、なるべく早くこの生前贈与を始めることが肝要です。

このことからも「相続対策は、早ければ早いほどいい」といえます。

「おしどり贈与」を活用しよう

また、庶民の相続税対策として「おしどり贈与」と呼ばれているものがあります。

「おしどり贈与」というのは、20年以上、連れ添った夫婦が、自分の名義の家を相手に贈与すれば、２０００万円以内であれば、贈与税は課せられないというものです。そして家だけでなく、家の購入費としても、２０００万円ならば、無税で分与できます。

つまりは、家もしくは現金、預金を2000万円分、配偶者に無税で譲渡することができるわけです。

これは、庶民の相続税対策としては非常に大きなものがあります。

資産を5000万～1億円程度持っている人というのは、相続税の免税ラインを少しオーバーしていることが多いものです。そういう人たちが、自分の資産のうち2000万円を配偶者に移譲することができれば、相続税の対象資産が一気に2000万円も減るのです。

普通の人の場合、資産が2000万円減れば、相続税の基礎控除額以下になるという方が非常に多いはずです。

また、このおしどり贈与は、前項でご紹介した110万円の贈与税非課税枠と違って、一度に2000万円もの資産を減らすことができます。より即効性があるということです。

まだおしどり贈与をしていない人は、ぜひ考えてみてください。

遺産分配の基本は「配偶者優先」

「年間110万円の贈与」「おしどり贈与」の次に、相続税の節税策として覚えておいていただきたいのは、「遺産分配を配偶者優先にすること」です。

配偶者というのは、夫婦の相手方のことです。

「夫が亡くなった場合は、妻に最優先に分配する」「妻が亡くなった場合は、夫に最優先に分配する」ということです。子供への遺産分配などは、まず配偶者の生活資産を確保してからの話なのです。

親のどちらかが亡くなった場合に、残された親の生活を第一に考えるということは、社会常識にも合致していることですし、相続税の節税にもなるのです。相続税法では配偶者には手厚い免除制度があります。どんなに遺産が多くても、原則として半額までは、配偶者は無税で遺産を受け取れるのです。

また、2019年の民法改正においても、相続においては配偶者の権利が非常に強化されています。

だから、相続対策の第一は「配偶者優先」ということを覚えておいてください。

配偶者には1億6000万円の特別控除がある

前項でも少し触れましたように、相続税法では、配偶者を優遇する制度がつくられています。

まず配偶者には、基礎控除のほかに1億6000万円の特別控除が設定されています。だから、配偶者がもらった遺産に関しては、1億6000万円までは相続税は課せられないのです。

これは基礎控除とは別で、基礎控除が最低でも3600万円ありますので、もし配偶者だけが法定相続人だった場合は、1億9600万円までの遺産には相続税がかからないということなのです。

これは、妻だけでなく、夫の場合も同様です。もし妻が先に亡くなって、夫が残された場合も同様に特別控除が受けられるのです。

ただし、この特別控除を使えるのは、配偶者（妻もしくは夫）が相続した分についてだけです。遺族全体がこの1億6000万円の控除を持っているわけではないのです。子供などが遺産を受け取る場合は、この1億6000万円の控除は使えません。

たとえば、1億5000万円の財産を残して夫が死亡し、妻と子供二人が残されたような場合、これを全部、妻が相続したなら、相続税はゼロになります。しかし、妻と二人の子供で均等に5000万円ずつ相続した場合、妻には相続税はかかりませんが、子供二人には相続税がかかる可能性があります。

どんなに遺産が多くても、配偶者は半分までは無税

さらに配偶者には、遺産の半分までの相続には、税がかからないという規定もあります。どんなに多くの遺産があったとしても、配偶者はその半分までは、相続税なしで相続できるのです。

何十億円、何百億円あっても、です。

たとえば、10億円の遺産があった場合、この人の配偶者（妻もしくは夫）は、5億円までは無税で受け取れるのです。

相続税法では、資産というのは、「夫婦で築いたもの」という考え方になっているので、遺産の半分は配偶者のものなので、遺産の半分までは、相続税はかからないのです。

しかし、この減免制度も「1億6000万円の特別控除」と同じで、遺産全体に対しての基礎控除ではなく、あくまで配偶者だけが持っている控除制度です。配偶者以外の相続人たち（子供など）の相続分については、まともに相続税がかかってきます。

このように、相続税対策においては、なるべく遺産は配偶者に多くの分配をするというのが、もっとも節税になるといえます。

故人が特に遺産のプランを考えていなかったり、遺言書がなかったりする場合は、とりあえず、配偶者（妻もしくは夫）にたくさんの遺産を相続させることが、もっ

図表 9 遺産の分配の基本（法定相続人に配偶者がいる場合）

遺産の大きさ	おおむね2億円以内	おおむね2億円以上
分配方法	配偶者に全部相続させる	1億6000万円までは配偶者に相続させ、それ以上遺産がある場合は半分までを配偶者に相続させる

出典：筆者の見解により作成

とも妥当な分配方法だといえます。

具体的な分配方法は、遺産が2億円以内であれば、全部を配偶者に相続させ、2億円以上の場合は、1億6000万円以上なら、遺産の半分までを配偶者に相続させるのです［図表9］。

そうすれば、遺族全体として、もっとも相続税を少なくすることができます。

また、父親（もしくは母親）が突然死したりして、急に相続が発生したような場合にも、基本は配偶者優先が有利だといえます。

「急死」の場合は、相続対策をほとんどしていないケースが多いので、まずは遺族全体で相続税がもっとも安くなる分配方法を選択し、その後に次の相続のための相続税対策を施せばいいのです。

相続税はバブル以降に大減税されている

ところで富裕層の相続税というのは、近年、大幅に減税されています。

あまり知られていませんが、この30年間、相続税は下げられっぱなしでした。

図表 10 相続税の税率の推移

昭和63(1987)年度改正前	
税率	相続資産
10%	200万円以下
15%	500万円以下
20%	900万円以下
25%	1,500万円以下
30%	2,300万円以下
35%	3,300万円以下
40%	4,800万円以下
45%	7,000万円以下
50%	1億円以下
55%	1億4,000万円以下
60%	1億8,000万円以下
65%	2億5,000万円以下
70%	5億円以下
75%	5億円超

昭和63(1987)年度改正後	
税率	相続資産
10%	400万円以下
15%	800万円以下
20%	1,400万円以下
25%	2,300万円以下
30%	3,500万円以下
35%	5,000万円以下
40%	7,000万円以下
45%	1億円以下
50%	1億5,000万円以下
55%	2億円以下
60%	2億5,000万円以下
65%	5億円以下
70%	5億円超

平成4(1992)年度改正	
税率	相続資産
10%	700万円以下
15%	1,400万円以下
20%	2,500万円以下
25%	4,000万円以下
30%	6,500万円以下
35%	1億円以下
40%	1億5,000万円以下
45%	2億円以下
50%	2億7,000万円以下
55%	3億5,000万円以下
60%	4億5,000万円以下
65%	10億円以下
70%	10億円超

平成6(1994)年度改正	
税率	相続資産
10%	800万円以下
15%	1,600万円以下
20%	3,000万円以下
25%	5,000万円以下
30%	1億円以下
40%	2億円以下
50%	4億円以下
60%	20億円以下
70%	20億円超

平成15(2003)年度改正	
税率	相続資産
10%	1,000万円以下
15%	3,000万円以下
20%	5,000万円以下
30%	1億円以下
40%	3億円以下
50%	3億円超

平成25(2013)年度改正	
税率	相続資産
10%	1,000万円以下
15%	3,000万円以下
20%	5,000万円以下
30%	1億円以下
40%	2億円以下
45%	3億円以下
50%	6億円以下
55%	6億円超

出典:国税庁資料より

図表10のように、1987年度までは最高税率は75％だったのが、2003年度改正では50％にまで下げられているのです。

昨今、貧富の格差が社会問題となり、さすがに相続税の税率を下げすぎたということになり、2013年度の税制改正で若干、引き上げられましたが、それでも55％です。1987年の最高税率よりは20ポイントも低いのです。

バブル崩壊以降、財源不足を理由に、消費税が導入、増税され、社会保険料も上げ続けられたにもかかわらず、相続税だけが、こっそり大幅に下げられていたのです。

しかも昨今の相続税の減税のされ方を見ると、「大金持ち」を最大限に優遇しているのがわかります。

2003年度の改正以前は、20億円を超える遺産をもらった人に、最高税率の70％が課せられることになっていました。

が、現在は、6億円を超える人が最高税率の55％となっており、それ以上はいくら多くもらっても税率が上がることはありません。7億円もらっても、30億円もらっても税率は同じということになっているのです。

つまりは、超資産家ほど優遇されているのです。

相続税が下げられた要因は、もろもろありますが、一番大きいのは、共産主義国家の崩壊です。1980年代の後半から1990年代はじめにかけて、ソビエト連邦をはじめとする東欧の共産主義国家が相次いで崩壊し、東西冷戦が終了しました。

それ以降、西側の先進国では、相次いで相続税率が下げられました。

なぜ、共産主義国家が崩壊したら、相続税率が下げられたのでしょうか？

そもそも、相続税というのは、共産主義が世界を席巻し始めたころにつくられた税金なのです。19世紀後半から20世紀前半にかけて、貧富の差が拡大し、庶民の不満が高まり、共産主義が勃興してきました。

そのため、先進国の政府は、貧富の格差を解消し、庶民の不満をなだめるために、相続税が取り入れられたのです。

しかし、1990年代に共産主義国家が崩壊したので、西側の先進国は、貧富の格差にそれほど気を配らなくてよくなりました。そして、そもそも政治家というのは、富裕層の献金で支えられているので、富裕層の機嫌を取るために相続税率を下げたのです。

が、そのため、2000年代以降は、先進国は深刻な格差社会に悩まされることになりました。世界を震撼《しんかん》させている紛争やテロなども、貧富の格差が背景にあるのです。

日本でも、貧富の格差は大きな社会問題となっています。

前述しましたが、昨今、富裕層の減税をしすぎたために、億万長者が激増しています。

バブル崩壊以降、日本人の多くは「日本経済全体が苦しいんだ」と思い込んできました。

しかし、実はそうではなく、ほとんどの国民は、収入が下がり、資産を減らしている中で、富裕層だけが肥え太ってきたのです。

その大きな要因の一つが、相続税の減税だといえるのです。

こういう税制が格差社会を生んだといっても、過言ではないのです。

お金持ちは、ほとんど相続税を払っていない

相続税の最高税率55％というと、遺産の半分以上を取られるわけであり、かわいそうな気がしないでもありません。だから、「相続税は高すぎる」として批判する経済評論家などもけっこういます。

が、現実は、55%の最高税率を払っている人などは、ほとんどいないのです。

なぜ、このような不自然なことが起きているのか、というと、お金持ちたちは相続税の抜け穴をついて、まともに払っていないからなのです。

何十億円、何百億円の遺産をもらっているのに、様々な方法を駆使して、ほとんど税金を払っていないような人が多々いるのです。

だからこそ、貧富の格差は深刻化しているわけであり、税収も上がらないのです。

社団法人を使った逃税術、生命保険を使った逃税術、タックスヘイブンを使った逃税術など、お金持ちが相続税を免れる術は多々あります。

それをデータでご説明したいと思います。

図表11が、昨今の相続税の税収です。

図表 11 昨今の相続税の税収

年度	税収
平成26(2014)年度	18,829億円
平成27(2015)年度	19,684億円
平成29(2017)年度	22,400億円
令和2(2020)年度	23,410億円

出典:国税庁資料より

このように、相続税の税収というのは、だいたい2兆円前後で推移しているわけです。これは、この数十年変わりません。バブル期のもっとも税収が多かった時期でも、相続税が3兆円を超えたことはないのです。

では、一方で、毎年、資産家が死亡して発生する「遺産」というのは、どのくらいの額でしょうか？

各金融機関のデータなどでは、昨今、毎年、死亡する人の「遺産」は年間80兆円程度だと見られています。

前述したように、相続税の税収というのは、この20年ほど、だいたい2兆円で推移しています。遺産80兆円のうち、相続税として徴収されている額は2兆円、つまり、日本全体の遺産に対して、たった2・5％しか相続税が納付されていないということなのです。

遺産の98％は、そのまま遺族に引き継がれているのです。

「お金持ちがきちんと相続税を払っていない」から、遺産に対してたったの2・5％の相続税しか徴収できていないのです。

せめて遺産の30％程度の相続税を徴収しないことには、貧富の差は広がるばかりだと思われます。お金持ちの遺族というのは、自分は何もしないで、何十億円、何百億円の遺産を手にするのです。30％くらいの税金を払っても罰はあたらないはずなのです。その税金を払ったとしても、一般の人が一生手にすることができないような莫大な遺産が残るのですから。

この相続税の抜け穴問題が解決しない限り、日本の格差問題は深刻化するばかりと思われます。

第5章

本当は「公平な税金」ではない消費税

「消費税は公平な税金」という大誤解

「消費税は公平な税金」というようなことがよくいわれます。しかし、これも大きな誤解です。

財務省などは「消費税は買い物をしたときに誰もが同じ税率で払うのだから、公平な税金です」と、さんざん喧伝してきました。

「お金持ちはたくさん買い物をするし、高いものを買うから、支払う消費税も多くなる」

「貧乏人は、消費額は少ないし、安いものしか買わないから、支払う消費税は少ない」

というのです。

これらの言葉にまんまと騙《だま》されてしまった人は多いのではないでしょうか？

たしかに誰もが自分が買い物をした分だけ、同じ税率で払うのだから、一見、公平のように見えます。しかし、消費税の本質は、「お金持ちほど税負担割合が低くなる逆進税」なのです。

簡単に説明しましょう。

消費税というのは、消費をしたときにかかる税金です。

ということは、収入のうち、消費に回す割合が高い人ほど、負担率は高いということになります。

低所得者は、収入のほとんどを消費に回さなければならないので、低所得者がもっとも負担率が高くなるのです。

一方、お金持ちは、自分の収入のうち消費に回す分は限られているので、消費税の負担率は低くなります。

たとえば、年収３００万円の人と、年収1億円の人を比べてみましょう。

年収３００万円の人は、収入のほとんどを消費に回してしまうので、消費税の支払額は、ほぼ30万円です。つまり、収入に対して、ほぼ10％の税金を払うことになります。

一方、年収1億円の人は、収入の半分くらいは預金や投資に回すことが可能です。もし半分を預金や投資に回した場合、支払う消費税は５００万円です。収入に対して5％の税金で済むのです。

つまり、年収３００万円の人は、年収1億円の人の倍の割合で税金を払うことになるのです。

これを直接税に置き換えれば、この税金がいかに不公平かがわかります。

個人の直接税である所得税は、累進課税になっています。現在は、5%から45%まで、所得が高額になるほど、税率が段階的に上がるようになっています。

所得が大きい人ほどお金の余裕があるので、税率が高く設定されているのです。この累進課税制度を敷くことで、格差の解消を図っているのです。

この累進課税制度は、近代になって世界各国で取り入れられたものです。それ以前、累進課税制度を取っていなかった時代には、貧富の格差が大きく、それが社会騒乱や革命につながったので、人類の知恵として、所得が大きいものほど負担を大きくするという税制をつくったのです。

これが、もし逆に、所得が高くなるごとに、税率が下げられたら、どうでしょう?

絶対、国民から大反発が起きるはずです。

でも、これと同じことを、現実にやっているのが、日本の消費税なのです。

つまり、消費税というのは、収入のほとんどを消費しなければならない低所得者にもっとも高い税率を課し、貯蓄や投資をする余裕のある人ほど税率が低くなるのです。

これでは、格差社会になって当然なのです。

これほど明確に逆進性になっているにもかかわらず、なぜ国民は消費税を受け入れたのでしょう？

消費税は、間接税であり、その徴収の仕組みがわかりにくくなっています。そこに誤魔化されて、この不公平な部分については、あまり国民が理解していないままなのです。

「消費税は社会保障、福祉などに使われている」という大誤解

「日本は、これから少子高齢化社会を迎えるので、財源が足りなくなる。だから、消費税が必要」ということがよくいわれます。

財務省なども、消費税の創設や増税の理由をそう説明してきました。

しかし、財務省のこの説明は真実ではありません。

単に、消費税を導入するための方便として言っていたにすぎないのです。まさに「騙しのテクニック」だったのです。

財務省がいかにして騙してきたかを少し追究してみましょう。

「高齢化社会を控えているので新たな財源が必要」というプロパガンダを聞いて、国民は渋々ながら納得したようです。たしかに日本は高齢化社会に突入する。そのためには、お金もたくさん必要なのだろうと、お人よしな日本人は思ってしまいます。

しかし、消費税の導入後の国家予算を検討すれば、消費税が高齢化社会のために使われていないということは、明白なのです。

消費税の導入で、新たに10兆円の財源が生まれました。

が、ほぼ同時期に行われた大企業や高額所得者への減税で、その10兆円は消し飛んでしまったのです。

その後も消費税が増税されるたびに、法人税や高額所得者の税金は引き下げられてきました。所得税の税収は、１９９１年には26・7兆円以上ありましたが、２０１８年には19兆円になっています。法人税は１９８９年には19兆円ありましたが、２０１８年には12兆円になっています。

所得税と法人税の税収は、この30年の間に、約15兆円も減っているのです。

一方、現在の消費税の税収は約20兆円です。

つまり、消費税の税収の大半は、所得税と法人税の減税分の穴埋めのために使われているのです。

そして消費税が導入された後、高齢者福祉が充実したようなことはなく、社会保険料はたびたび引き上げられ、さらに新たに介護保険料まで取られるようになってしまいました。

結局、消費税は、福祉のために使われたのではなく、大企業と高額所得者のために使われたのです。

「日本の消費税は世界的に見て安い」という大誤解

「日本の消費税は世界的に見て安い」

「ヨーロッパ諸国では、もっと高い間接税が課せられている」

というようなことがよく言われます。特に、財務省をはじめとする消費税推進論者は、よくこういうことを言います。

これも嘘なのです。

世界各国の大型間接税は、品目に応じて段階的に税率が定められており、もっとも高税率の品目と比較すれば、日本の消費税は安いことになります。

たとえば、イギリスは17・5%、フランスは19・6%、北欧諸国は25%前後です。日本の消費税10%よりもかなり高いといえます。

が、イギリス、フランス、ドイツでは、軽減税率が細かく設定され、食料品や生活必需品は極端に税率が低いなどの配慮がされています。

イギリスでは標準税率は20%ですが、燃料や電気などは5%、食料品や飲料水などは0%となっています。

フランスでは標準税率は20%ですが、食料品などは5・5%、医療品などは0%となっています。

ドイツでは標準税率は17%ですが、食料品などは7%になっているのです。

このように、間接税が高い国は、低所得者や零細事業者に手厚い配慮をしているのです。

しかも、こういう配慮は、先進国だけではありません。

間接税を導入している国のほとんどで、されているのです。

財政事情が非常に悪い国々でも、ある程度の配慮はされているのです。

世界でもっとも財政状況が悪いとされる国々の消費税（付加価値税）を見てみましょう。

まずはアルゼンチンです。

アルゼンチンは、慢性的に財政が悪化しており、2020年にも政府が債務不履行に陥っています。アルゼンチン政府が債務不履行に陥ったのは、実に9度目であり、現在、IMF（国際通貨基金）の支援を受けて財政再建を行っています。

財政は世界で最悪レベルといっていいでしょう。

このアルゼンチンの付加価値税の基本税率は21％です。ですが、生鮮食料品はその半分の10・5％です。そして飲料水や書籍などは0％なのです。

日本でも、2019年10月の増税からは、軽減税率が適用されていますが、日本の場合、軽減税率といっても、一部の商品が8％に据え置かれただけですから、たった2％の軽減しかないのです。

日本の消費税のような雑な間接税は、世界的に見ても珍しいのです。

コストコの消費税課税漏れ事件とは？

2023年11月に、コストコに関する興味深いニュースが報じられました。コストコが消費税の課税漏れで約15億円の追徴課税を受けたというのです。

「なぜ、コストコ?」「なぜ、消費税?」と思う人も多いでしょう。

このニュースは一般の人にはなかなかわかりづらいと思うので、どういうことかご説明しますね。

消費税というのは「国内で消費するものだけに課せられる」という建前があるので、外国の観光客などがおみやげに買っていくものや、自国に持ち帰るものについては課税されない、ということになっています。

だから、都市部にある大きな量販店などでは、外国人観光客向けの「免税コーナー」が設けられているところも多いのです。

外国人観光客は、免税コーナーで、パスポートや航空チケットを提示することで、消費税を払わずに買い物ができるのです。

これは外国人観光客だけではなく、外国に居住する日本人が日本で買い物をした場合や、外国に留学したり、駐在している人が日本で買い物をした場合にも適用されます。

ただし、免税になるのは、外国に持ち帰って消費するものに限られています。転売目的などで購入したものは、消費税免税の対象外となるのです。

2023年のコストコの場合は、外国人観光客による家電の大量購入が、「転売目的」と捉えられたようです。

が、転売目的かどうかというのは、購入履歴だけではわかりません。かつての中国人の爆買いに見られるように、必ずしも転売目的ではなくとも大量に購入するということはよくあることです。

たとえば、日本の炊飯器などは、世界的に人気があり、たくさん購入して親戚中に配るというようなことも、しばしばあるようです。

消費税の免税規定では、「一販売店につき50万円以内」という縛りがあるので、この規定をオーバーしているようなら、コストコもチェックしているはずです。したがって、この規定をオーバーしたということではないようです。

では、どうやって国税は「転売目的」と判断したのでしょう?

記事の中では、その点について明確に述べられていません。

もし販売店の方が本書を読んでおられたら、国税から「転売目的だから消費税免税対象外」と指摘された場合、「どうやって転売目的と証明できるのか」ということを、きっちり詰めましょう。

国税側が明確に「転売目的」ということを証明できなければ、本来は課税してはならない事案なのです。

ただし、明らかにおみやげではない商品、すぐに消費することがわかっている商品などの場合には、「これは海外持ち出し用ではない」と国税が判断してもおかしくはありません。コストコは、どちらかというと、「おみやげ」というより消費生活のためのお店ですからね。日本国内での転売の可能性を国税に指摘されたのかもしれません。

個人輸入には消費税がかからない？

前項では、コストコが消費税の追徴課税を受けたという話をしましたが、短期滞在の外国人が日本国内でものを買うときに消費税がかからないということを知らなかった人も多いと思われます。

実は消費税には、けっこう抜け穴のようなものがあります。日本人でも消費税を払わずに買い物をする方法はあるのです。

それらの方法をご紹介していきたいと思います。

消費税を払わないで買い物をするもっとも簡単な方法は、海外から「個人輸入」することです。

つまりは、海外の店舗に直接、申し込んでものを買うのです。

昨今では、ネットの発達により、海外からものを買うことが非常に簡単になりました。自覚することなく、海外からものを買っているケースも多々あるのです。

たとえば、ネットで売られているイラストや写真などを購入することは、それほど珍しくないはずです。それらの中には海外サイトで販売されているものも多々あり、知らないうちに海外サイトから買い物をしているケースもあるでしょう。それは、すでに立派な「個人輸入」なのです。

本来、輸入品には消費税や関税がかかってくることになっています。

それは海外の通販サイトから個人がものを買った場合でも同様です。

ただし、個人が自分のものを買うとき（商売品ではないとき）は、一回の取引が1万6666円以内であれば、消費税や関税は免除されるのです。

なぜ、1万6666円以内であれば消費税や関税がかからないのでしょうか？

そこには次のような仕組みがあるのです。

個人輸入には、一回の取引が1万円以内の消費税や関税が免除になるという規定があります。

そして輸入品の一回の取引額を判定するときには、その価額は、輸入品の購入価額の60％でいいということになっているのです。すると1万6666円の60％は、1万円以内に収まるので、1万6666円以内ならば、消費税や関税は払わなくていいということなのです。

消費税は免れても、海外の通販サイトからものを買う場合、当然、送料や手数料がかかります。が、まとめ買いをすれば送料が割引されるなどの方法もあり、うまくやれば、送料と手数料込みでも1000円以内に収まることもあります。

1万6000円の買い物をする際に、1000円の送料と手数料を払っても、それらの割合は6％程度です。

普通にやるだけで、消費税よりも安くなるのです。

しかも海外直輸入であれば、もともとの値段がけっこう安いものもあるので、消費税分は元を十分に取れるはずです。

個人輸入となると、英語がわからないとできないと思っている人も多いでしょうが、昨今は、日本語で買える海外通販サイトなどもけっこう多くなっています。また、英語でのサイトも、それほど難しいものではありません。

中国の通販サイトなどでは、驚くほど安いものが売られているケースも多々あります。こういうところをうまく利用すれば、安いお金でかなり豊かな消費生活を送れることになるのです。

ただし、海外の通販サイトを利用する場合は、商品に欠陥があったり、何かトラブルが生じたりしたときの対処がかなり大変になります。

そういうトラブルについても、きちんとしたサービスを行っている業者もありますが、なかなか日本の業者のようにはいかないことが多いので、その点は、くれぐれも注意しましょう。

海外旅行の爆買いで消費税を免れる

前項では、海外の通販サイトから1万6666円以内のものを買えば、消費税がかからないことをご紹介しました。

が、「1万6666円以内では欲しいものを買えない」と言う人もいるでしょう。

そういう方には、また別の方法があります。

それは海外旅行を使う方法です。

海外旅行をしたときには、基本的に現地で購入したものには日本の税金はかかりません。が、海外の免税品は、合計20万円超を購入した場合に、日本国内へ持ち込むときに消費税がかかるという決まりになっています。

だから、持ち帰った品物が合計20万円超の場合は、本来は、入国するときに消費税を払わなければならないのです。

しかし、逆にいえば、20万円以内であれば、消費税は払わなくていいのです。

そして現地国で消費税などがかかっていたとしても、免税手続きを取れば、免税になることが多いのです。

最近は、格安航空チケットなどが広く出回るようになっていて、うまくやれば海外旅行のチケットを2万～3万円で購入することも可能です。

たとえば、韓国への往復チケットを2万円くらいで買ったとします。韓国くらいだったら、余裕で日帰りできるので、基本的に航空チケット以外の費用は不要なわけです。

普通に日本で20万円の買い物をした場合、消費税は2万円かかります。だから、2万円で海外旅行のチケットを買っても、韓国に行って安いものを買えれば、十分におつりがくるのです。

韓国で10万円程度の買い物をすれば、元が取れるわけです。

韓国だけでなく、中国や台湾などでも頑張れば日帰りできるし、安いチケットを探せば2万～3万円で収めることができます。韓国などへの爆買いツアーをするというのも手かもしれません。

20万円くらいのブランドものなどを買う人は、この手を使ってみるのも手でしょう。韓国、中国、台湾でちょっとランチや買い物などをすれば、旅行の気分も味わえます。

また、これは推奨される方法ではありませんが、海外で購入したものでも、現地で開封して身に着けるなどすれば、帰国するときに、「海外で購入したものか」「はじめから自分で持っていたものか」ということは見分けがつきにくいものです。だから、20万円以上のものを海外で購入し、すぐに自分で使用したまま持ち帰るということをしている人も多いのです。

もちろん、これは厳密にいえば脱税行為です。発覚した場合は、それなりのペナルティーが科せられます。筆者も立場上、これを推奨することはできません。

「消費税を払わずに買い物をする方法」ということではなく、中には、こういうことをしている人もいるという事実だけを記しておきます。

海外の免税品を20万円以上持ち帰る方法

先ほども述べたように、海外で購入した免税品は、合計20万円超を購入した場合は、消費税がかかるという決まりになっています。だから、持ち帰った品物が合計20万円超の場合は、本来は、入国するときに消費税を払わなければなりません。

しかし、20万円超の免税品でも、消費税を払わずに済む方法があります。

それは前項で少し言及した「こっそり身に着けて持ち帰る」ということではありません。

実は免税品の持ち帰りについては、「一つの商品の合計の値段が1万円以下のものは、税金は課せられない」ということになっているのです。

これは商品一個の値段が1万円以下ということではなく、一つの商品の合計購入額が1万円以下ということです。

たとえば、1000円のチョコレートが10個ならば、1万円以下なので、消費税はかかりません。が、1000円のチョコレートが11個ならば、1万円を超えるので、消費税がかかってしまいます。

という具合に、一品目あたり1万円以下であれば、どれだけ買い物をしても免税になるのです。

この仕組みをうまく使えば、相当に高額な買い物でも、消費税を払わずに日本に持ち帰ることができます。50万円でも100万円でも、免税になるわけです。

もし日本で100万円の買い物をすれば、10万円の消費税がかかります。が、この方法を使えば、その10万円がかからなくて済むのです。

高い商品を買うような買い物には向いていませんが、1万円以下の商品をたくさん買うような場合の買い物には、この方法はかなり有効だといえます。

たとえば、1万円以下の化粧品を何種類も買ったり、1万円以下の服やアクセサリーをたくさん買ったりするような場合に、この方法は使えるのです。

そういう買い物をする女性はいるはずです。よかったら活用してみてください。

ただし、香水の免税は2オンス（約56ミリリットル）までです（オーデコロン、オードトワレは含まれない）。

また、「商売のために仕入れた商品」などは対象外です。海外の商品を安く買いつけて日本で販売するというような場合には、消費税や関税が課せられます。無税で持ち込めるのは、あくまで「個人的に使うもの」だけです。

日本の商品を消費税抜きで買う方法

「海外旅行で買い物をするといっても、自分は別に海外で欲しいものはない。日本の商品が欲しいのだ」

「日本の商品を消費税抜きで買い物する方法はないものか」

と思っている人もいるでしょう。

日本の商品を消費税抜きで買うということも可能なのです。

実は日本国内であっても、消費税を払わずに買い物ができる場所があるのです。

それは「国際空港」です。

ご存じのように、国際空港で入管（入国審査）を通った後には、いろんな免税ショップがあります。

そこで買い物をすれば、消費税は払わなくて済むのです。

なぜ、入管を通った後は、免税になるのかというと、消費税というのは、国内で消費するもの（使用するもの）にかかる税金です。入管を通った後ということは、海外に持ち出すことが明確なので、消費税は免税になるのです。

不思議なもので、同じ商品を同じ空港で購入した場合でも、入管を通る前と後では、価格が大きく違ってくるのです。

たとえば、飛行機の中で雑誌を読もうと思った場合、入管を通る前に買えば、消費税がかかりますが、入管後に買えば、消費税はかからないのです。

そして、ここからがこの話の肝になるのですが、日本の空港の免税店で買ったものを日本に持ち帰ることもあります。

その場合、消費税はかかるでしょうか？

本来はかかるのです。

日本の空港で買った免税品を日本に持ち帰った場合、海外の免税品を買ったのと同じ扱いになります。だから、もし日本の空港で20万円超の買い物をし、それを持ち帰った場合は、消費税がかかります。

が、逆にいえば、20万円以内の買い物であれば、消費税はかからないのです。

日本の国際空港の免税店は、最近は非常に充実しています。

服、靴、カバン、電化製品、雑貨、ゲームソフト、CD、本、食べ物、酒、薬、サプリメント、タバコなど様々なものがあります。酒やタバコなどでは消費税だけでなく、酒税、タバコ税もかかっていないので、超安いのです。

先ほども触れたように、韓国への日帰り旅行などをすれば、2万〜3万円で海外に出ることができます。20万円分の買い物をすれば、2万円の消費税が浮くのだから、それだけでも元を取ることができるのです。

また、これは決して推奨される方法ではありませんが、20万円超のものを買っている人もいます。先ほど紹介した、海外で20万円超のものを買って日本国内に持ち帰るのと同様の方法です。

日本の空港の免税店では海外に持ち出すことがわかっているので、20万円超でも免税になるのです。

これを日本に持ち帰る場合、本来は、消費税や関税などを払わなくてはなりません。しかし、日本国内の空港でブランドバッグなどを買って、海外で包装を解いて、自分の持ち物として、国内に持ち帰った場合、それが元からの自分の持ち物なのか、出発前に空港で購入したものなのか、普通、区別はつきません。

だから、これは、見逃されることがけっこう多いのです。

ただし、これも厳密にいうと、脱税です。だから、筆者は決してこの方法を推奨するわけでも、絶対大丈夫と保証するわけでもありません。これについて、いかなる結果を招いても、筆者としてはまったく責任を負えないことを記しておきます。

日本の商品を20万円以上持ち帰る方法

また、日本の国際空港で購入してその商品を日本国内へ持ち帰る場合、20万円超でも免税になる方法もあります。

先ほども述べたように、海外で購入した免税品は、「一つの商品の合計の値段が1万円以下のものは、税金は課せられない」ということになっており、これは日本の空港の免税店で購入したものについても同様の扱いになっています。

だから、一つの商品につき1万円以下であれば、いくら購入しても、消費税はかからないのです。

これは使い方によっては非常に有効です。

本やCD、ゲームソフト、高級化粧品なども一つの商品につき1万円以下であれば免税です。本、CD、ゲームソフト、高級化粧品というのは、安売りがあまりされないので、税金を免れるだけでも相当の得になります。

だから、日本の国際空港で買いたいものを爆買いすれば、飛行機代を差し引いても、かなり安い買い物ができるというわけです。

たとえば、本が好きで毎年本を何十万円分も買う人、ゲームが好きで何十万円分も買う人はけっこういるでしょう。また、女性の場合、化粧品代が年間何十万円かかるというのは、ごく普通です。

そういう人が安いチケットで海外旅行をし、日本の国際空港で思う存分買い物をするのです。もし50万円分の買い物をすれば、5万円の税金を免れたことになるのです。

また、タバコは、400本まで免税です（紙巻きタバコの場合）。つまりは、4カートンまでです。これは日本製のタバコも同様です。

現在のタバコというのは、だいたい6割が税です。一箱500円のタバコのうち300円くらいは税金なのです。日本の国際空港で、日本製タバコを購入する場合、タバコ一箱は200円ちょっとで買えるのです。これを4カートン（40箱）購入すれば、それだけで、1万円以上の税金を免れることになります。

これに、ほかの買い物をちょっとすれば、航空チケット分くらいなら、すぐに元が取れるはずです。

筆者は禁煙成功者であり、タバコは健康に害があることは今一度、告知しておきます。その上で、なお喫煙している方については、税金を安くする方法として、これをご紹介しておきますね。

ただし空港によって商品は全然違う

ただ、日本の国際空港で日本の商品を買おうとしても、「空港によって店舗や商品の数が全然違う」ということに注意しなくてはなりません。成田《なりた》空港と茨城空港では、免税品の品ぞろえはまったく違うのです。

また、同じ空港であっても、ターミナルによって、店舗の数などがまったく変わってきます。

たとえば、成田空港の国際線には、第1ターミナル、第2ターミナル、第3ターミナルがありますが、それぞれ店舗や商品の種類は大きく違います。

特に、第3ターミナルの場合は、発着便が少ないため、店舗や商品自体がほかの二つのターミナルに比べると、かなり少ないのです。この第3ターミナルは、格安航空会社（LCC）が利用しているので、安いチケットで「空港爆買い」をしようと思っても、肝心の品ぞろえが少なかったということになりかねません。

消費税を「格差解消税」に生まれ変わらせる方法

これまで、日本の消費税は欠陥だらけだということをご説明してきました。

現在の「日本の衰退」「格差の拡大」は、消費税の導入と、その増税にまったくリンクしています。日本が格差社会といわれるようになり、国民生活の貧困化が問題とされるようになったのは、消費税導入以降のことなのです。

つまり、消費税は理論的にも世界最悪であり、その理論通りの現実をもたらしているのです。

が、この世界最悪の消費税を、世界標準レベルの「格差解消税」に一瞬で生まれ変わらせる方法もあります。それは、食料品や生活必需品の税率をゼロにし、その代わりに贅沢《ぜいたく》品《ひん》の税率を上げるのです。これは前述したように世界では普通に用いられているシステムです。

経済学用語に「エンゲル係数」というものがあります。この言葉は、昔は中学生くらいで習ったと思うのですが、収入に対する食料費の割合を示すものです。

そして収入が低い人ほどエンゲル係数が高くなることが、知られています。つまり、低所得者は、収入の多くを食べ物代に充てることになるので、必然的にエンゲル係数が高くなるということです。

だから、食料品の税率を安くし、贅沢品の税率を高くすれば、低所得者の負担を減らし、高額所得者の負担を増やすことになるのです。

それによって日本の消費税の根本の欠陥である「逆進性」を解消することになり、世界最悪の欠陥税金を、世界標準レベルの間接税に変えることができるのです。

さらに軽減税率の範囲を食料品から生活必需品に拡大し、贅沢品などの税率をアップすれば、消費税は「格差拡大税」から「格差縮小税」に変身させられるのです。

生鮮食料品の税率をゼロにすると、消費税の税収は5兆円ほど減ります。

しかし、その分、贅沢品の消費税率を上げればいいのです。たとえば、ブランド品や貴金属、高級自動車、高級料亭やクラブなどでの高額の飲食費などの消費税の税率を高くすればいいのです。

これらの贅沢品に対する課税は、消費税導入前には、日本で普通に行われていたのです。当時は物品税、特別地方消費税と呼ばれていました。

しかし、消費税の導入時に、なぜか物品税や特別地方消費税などの贅沢税が廃止されたのです。その結果、日本の消費税だけが、世界の常識に反した「格差拡大税」になっているのです。

第6章

「税金ニュース」で読み解く令和日本

「パパ活女子」の税金事情

かなり以前から「パパ活」というワードがよく使われるようになりました。

「パパ活」というのは、若い女性が父親ほどの男性とデートすることでお金をもらう、ということです。中には、性的な交渉もあったりするようです。

最近の景気の悪さを反映して、「遊ぶ金欲しさ」だけではなく、生活のためや学資のためにパパ活をしている女性もかなりいるようです。

が、パパ活女子の中には、普通のサラリーマンよりもはるかにお金を稼いでいる人もいるので、サラリーマンとしては、「めちゃくちゃ稼いでいるのに、税金を払っていないだろう」と文句の一つも言いたくなると思われます。

現実的にパパ活女子の税金はどうなっているのでしょうか?

ネットの税金解説などを見ていると、「パパ活女子も税金の申告をしないと、追徴課税される」というような記事も見受けられました。

たしかに、税法的にいえば、その通りです。

現在の税法では、どんな方法であれ、収入を得た場合は税金が課せられることになっています（遺族年金など、特定の非課税の収入は除いて）。

極端にいえば、違法ＤＶＤの販売や、麻薬の密売であっても、収入があれば税金は課せられます。

では、現実に、パパ活女子が税務申告をしているかというと、おそらくほぼゼロです。

なぜなら、パパ活で稼いだお金を申告するとなれば、

「私はパパ活をしています」

ということを公にするということです。

そういう女性はいませんよね？

また、パパ活で、お金を払っている男性側を見ても、

「俺は、あの子にいくら払った」

ということを公にする人は、まずいないはずですし、経費に計上するような人もいないでしょう。

となると、パパ活女子が申告をしているはずがないのです。

では、パパ活女子が、税務署から追徴課税されることはあるのでしょうか？

これも現実的にいうと、かなりレアだといえます。

というのも、税務署がパパ活女子に追徴課税をした場合、税務署が「パパ活を事業として認めた」ということになります。そうなると、社会の風紀を取り締まる警察など関係各所の「顔をつぶす」ことになってしまいます。違法ＤＶＤや麻薬の密売人が、脱税で起訴されることがほとんどないのは、そのせいでもあるのです。

ただし、彼らが捕まれば、追徴課税されることはあります。すでに捕まっている場合は、関係各所の顔をつぶすことなく、税金を徴収することができますからね。だから、詐欺事件などの首謀者が、逮捕された後に詐欺で儲《もう》けたお金を追徴課税されるようなことが時々あるのです。

というようなわけで、結論をいいますと、パパ活女子は税法的には課税される可能性があるけれども、実際に課税されるには、社会システム上、ハードルが高いということです。が、税務当局というのは、世間の雰囲気に左右されるものなので、パパ活女子にも課税すべしという声が大きくなれば、税務署が動かざるを得なくなる可能性も多々あります。だから、パパ活女子は、「いつかは税務署が来るかもしれない」ということを肝に銘じておいてください。

「頂き女子りりちゃん」の脱税

2024年1月、興味深いニュースが報じられました。

「頂き女子りりちゃん」が、2021年から2022年にかけて約1億1000万円の収入があったにもかかわらず、申告しておらず、約4000万円を脱税したとして、名古屋国税局に告発されたのです。

「頂き女子りりちゃん」というのは、複数の男性に恋愛感情をにおわせ、「生活に困っている」などと嘘をついてお金を騙し取り、しかもその手口をマニュアル化して販売していた女性です。

現在、詐欺罪で逮捕され、公判中です。

この頂き女子の脱税告発のニュースに驚いた人も多いのではないでしょうか？

「詐欺でお金を得た場合にも税金を取られるんだ？」と。

前述したように、たしかに、現在の税法では、犯罪で得たお金であっても、収入であれば税金が課されることになっています。だから、薬物の販売であっても、違法わいせつ物の販売であっても、収入を得ていれば、その収入に対して税金が課せられるのです。が、今回の場合、そういう違法収益業者とちょっと違うところは、被害者がいるということです。頂き女子りりちゃんは、詐欺で逮捕されたのであり、たくさんの被害者が存在するわけです。

この詐欺による損害は、民事訴訟で請求しなければ返ってきません。振り込め詐欺などの特殊詐欺の場合は、犯人の口座などを凍結し、損害補償に充てるという法律がありますが、普通の詐欺では、そういう救済制度はないのです。だから、国税が、頂き女子から税金を取ってしまえば、被害者が損害賠償を請求したときに、お金がなくて払えないという事態に陥るかもしれません。

国税の債権というのは、ほかのあらゆる債権に優先されますので、預貯金の凍結や資産の差し押さえなどを速攻で行います。そして国税が取り立てたお金が、被害者救済に充てられることはなく、ただ国庫に入るのみです。

つまりは、被害者のお金を被害者に返す前に国が分捕るということになるのです。筆者としては、「国税は、もう少し柔軟な対応はできないものか」と思います。被害者の弁済を最優先にするとか、税を徴収しても、それを優先的に被害者の救済に充てられるような制度をつくるとか。

タックスヘイブンって何？

2023年2月、非常に興味深い脱税事件が報じられました。

それは「タックスヘイブンを利用した脱税」です。

ことの顚末《てんまつ》はこうです。

大阪の不動産会社2社と元社長二人が、約6600万円を脱税した疑いで、同年12月に大阪国税局に告発されました。

元社長らは、研修費や調査費などの名目でシンガポールやサモアの会社に送金し、いくつかのペーパーカンパニーを経由させるという手法で脱税していたのです。そして最終的にそのお金を現地から持ち帰っていたのです。

このニュースを聞いて、「？」がいくつも浮かんだ方もいるはずです。

まず、タックスヘイブンって何？　なんのためにあるの？　ということです。

それと、なぜ最終的にお金を現地から持ち帰らなくてはならなかったのか？　送金したままではダメだったのか？　ということです。

それらの「？」について順に説明していきましょう。

シンガポールやサモアは、いわゆるタックスヘイブンです。

タックスヘイブンというのは、個人や法人の税金が著しく低く設定されている国や地域のことです。世界中の富裕層や大企業が、このタックスヘイブンに籍を置き、税金を免れているのです。

たとえば、シンガポールでは、キャピタルゲインには課税されていません。つまり、株式や不動産投資でいくら儲けても、税金は一切かからないのです。その上、所得税は最高でも20%と、日本に比べれば、非常に低いのです。だから、ヘッジファンドのマネージャーなどがシンガポールに住んでいるケースも非常に多いのです。

シンガポールは国策として、海外の富豪や投資家などを誘致しようとしています。彼らがたくさん稼いで、多額のお金を落としてくれれば、シンガポールとしては潤うからです。そのため様々な便宜を図っています。

ちなみに、シンガポールでは贈与税や相続税もありません。

だから、シンガポールで稼いで、そのお金をシンガポール在住の子供に贈与すれば、税金はまったくかからないということになります（ただし、日本国籍を持つ日本人の場合は、日本の税法により、税が課されます）。

そのため、シンガポールには世界中から富豪が集まってきているのです。

また、シンガポールに対抗して、香港《ホンコン》でもほぼ同様の制度を敷いています。政情不安になる前には、香港にも同じように移り住むお金持ちが増えていたのです。

タックスヘイブンの脱税サービス

次に、もっと悪質なタックスヘイブンの利用法について説明しましょう。

富裕層や大企業の多くは、なかなかタックスヘイブンに「移住」することまではできません。

だから、彼らは籍だけをタックスヘイブンに置いたり、タックスヘイブンにペーパーカンパニーをつくって、いろんな名目で送金したりするのです。

前項でご紹介した脱税事件も、シンガポールにあるペーパーカンパニーに送金していたのです。

しかし、現在の先進諸国の法律では、それはなかなかできないようになっています。先進諸国ではタックスヘイブン対策として、「実態のない会社との取引は認めない」という取り決めをしているからです。

が、富裕層や企業の中には、法の抜け穴を突いているものもたくさんあるのです。巧妙に、「タックスヘイブンに会社の実態がある」というように見せかけるのです。

具体的にいえば、タックスヘイブンの中に、オフィスを構え、従業員も雇うのです。「会社の実態」をつくるため、最低限の条件をクリアするのです。

そしてタックスヘイブン側も、そういうものに手助けをしています。

タックスヘイブンには、各国から集まってくる企業や資産家を、守るためのサービスをする会社も数多く存在します。それらのサービス会社は、多国籍企業のオフィスをタックスヘイブンに開設し、従業員もいるようにして、本社としての実態があるかのようなアリバイ工作をしてくれるのです。

ケイマン諸島（イギリス領）、香港などのタックスヘイブンでは、日本人向けの銀行口座の開設や法人設立の代行をしてくれる業者もたくさんあります。「タックスヘイブン法人設立」などの言葉で検索すれば、そういう業者はすぐに見つかるのです。

これらの業者は、法人設立をした場合に、現地で事務所の確保など会社の体裁を整え、ちゃんと社員もいるような形態に見せかけてくれます。「会社の実態がない」として、本国の税務当局から否認されないように、です。つまりは、現地の業者が偽装工作をしてくれるということです。

これらの業者は弁護士と提携し、法律的な面でもぬかりがないものです。

冒頭でご紹介した大阪の不動産会社にも、現地の手引き役がいました。海外在住の税理士が、脱税スキームをすべてつくっていて、大阪の不動産会社はそのスキームに従って脱税をしていたのです。

この脱税事件は、むしろこの税理士が指南役となっていたようです。この大阪の不動産会社だけでなく、ほかの会社にも同様の手口で脱税を指南していたからです。

しかし、タックスヘイブンからお金を引き出すのが難しい

ただ、この脱税スキームには大きな難点があります。

タックスヘイブンのペーパーカンパニーまでなら無税で送金することはできます。しか

し、そのペーパーカンパニーからお金を引き出して日本に持ち帰るときに、課税されてしまう恐れがあるのです。

タックスヘイブンのペーパーカンパニーから、なんらかの名目で送金すると、日本の会社は「収入」として計上しなくてはならず、そこには税金が発生します。つまり、この脱税スキームでは税金を免れようと思えば、お金をタックスヘイブンのペーパーカンパニーに置きっぱなしにしておかなければならないのです。

実際、タックスヘイブンのペーパーカンパニーに、お金を置きっぱなしにしている投資家もたくさんいます。

もちろん、いくら税金を免れられても置きっぱなしにして塩漬けしたままでは意味がありません。だから、投資家や企業は、様々な方法を駆使して、タックスヘイブンからお金を引き揚げようとします。

たとえば、タックスヘイブンのペーパーカンパニーに、自分が欲しいものを買わせるということもあります。ペーパーカンパニーのお金を使って自分が欲しい別荘などを買い、その別荘を自分が使うのです。そうすれば、ペーパーカンパニーから本国に送金せずに、ペーパーカンパニーのお金を使うことができます。

実際に、ロンドンの高級住宅街の多くは、世界中のタックスヘイブンのペーパーカンパニーによって買い占められているのです。

が、お金がすぐに欲しい人は、そういう悠長なことはできません。

そのため、冒頭の不動産会社の社長らは、わざわざ現地から現金を日本に持ち運んできたのです。

しかし、現地でお金を引き出して日本に持ち込めば、これは、完全に「脱税」になります。いくら完璧なペーパーカンパニーをつくってお金の流れを誤魔化しても、自分で資金を引き出した時点で、すでに帳簿外のお金になっていますので、言い訳はできません。

しかも、これほど煩雑なスキームを使えば、バレる確率も上がります。

多額の現金を日本に持ち込む場合は、入管に申告しなければなりませんが、もちろん脱税金を持ち込む場合は申告などできないので、密輸ということになります。

まず、ここで荷物を検査されて発覚する可能性が出てきます。

また、国税もバカではないので、多額のお金がタックスヘイブンに送金されていれば、その行方を追います。

タックスヘイブン国も、昨今では世界から非難を受け、ある程度、脱税の摘発には協力するようになっています。だから、日本の税務当局から、ペーパーカンパニーと思《おぼ》しき会社について、お金の出し入れを確認させろという要望があれば、それには答えざるを得ません。

ペーパーカンパニーに多額の送金がされ、しかもそのお金が引き出されてどこに行ったのかわからない、となると、当然、脱税の疑いが濃いということになり、査察の強制調査などが行われ、脱税での告発に至るわけです。

ユーチューバーの脱税

最近、ユーチューバーやインフルエンサーの申告漏れのニュースが相次いで報じられています。

2023年3月にも、会社員がユーチューブ投稿などで3600万円もの収入を得ていたのに申告しておらず、700万円の追徴課税を食らったということが報道されました。

また、同月の新聞報道で、インフルエンサーの女性9名が6年間で合計3億円の申告漏れがあったことが、東京国税局の税務調査で発覚し、合計8500万円の追徴課税を食らったということです。

昨今、普通のサラリーマンや学生などでも、ユーチューブなどから収入を得ている人はたくさんいます。中には、とんでもない高額の収入を得ている人もいます。

ユーチューブやSNSの広告収入などは、一見、ごくごく個人的な取引のようにも見え、税務署は把握できないのではないか、という錯覚に陥る人も多いようです。

特に、ユーチューバーなどは日ごろ、税務署などにまったくなじみがないので、よもや自分が税務調査を受けるとは思ってもいないようです。

が、ユーチューブやSNSの広告収入というのは、税務署にとって非常に把握しやすいものなのです。というのも、ユーチューブやSNSの広告収入は、ほぼ100%銀行振り込みです。現金で報酬を払うというようなことはやっていません。

銀行振り込みであれば、税務署は比較的簡単に見つけることができるのです。税務署は頻繁に銀行に行って情報収集をしており、怪しい取引がないかを見張っています。

一般の会社員や収入がないはずの学生に、ユーチューブから多額の振り込みがあれば、一発でわかるのです。だから、「SNSでの収入は、税務署には見つからない」などとは決して思わないでください。

国税局「資料調査課」と「国税OB税理士」の攻防

2023年3月、東京女子医大の課税漏れ事件が報道されました。報道によると、東京女子医大は、製薬会社から受け取った研究費約2億5000万円（5年間）を収入として計上しておらず、追徴課税約5500万円を課せられたということです。

製薬会社から受け取った研究費は、研究結果を公表するなど一定の条件を満たせば、非課税であり、申告しなくてよかったのですが、今回のケースは条件を満たしておらず、業務受託収入として計上すべき、という指摘を受けたのです。

この課税漏れ自体は、それほど重大ではないのですが、非常に興味深い税務調査の過程があったようなので、解説してみたいと思います。

2022年8月2日配信の「文春《ぶんしゅん》オンライン」によると、この件においては、東京国税局の「資料調査課」が2022年7月に調査に入ったそうです。資料調査課というのは、通称「料調《りょうちょう》」ともいわれ、税務関係者の間では強力な調査部門として恐れられてきました。

なぜかというと、資料調査課は、国税局の中ではマルサに次ぐ強力な調査部隊とされているからです。

マルサというのは、映画やテレビドラマなどですっかり有名になりましたが、前述したように、国税局調査査察部のことで、裁判所の許可を得て強制的な調査をする部署のことです。脱税の証拠を見つけるために、問答無用でドアをこじ開けたり、床や天井をぶち抜いたりする、国税の中では最強の調査部隊です。

東京女子医大に調査に入った資料調査課については、「文春オンライン」も「泣く子も黙る」と表現しています。

が、実は、資料調査課とマルサには、大きな違いがあります。

マルサは、脱税の証拠をある程度固め、裁判所から許可を得て強制調査権を持って調査をするのです。

一方、資料調査課のほうは、強制調査権は持っておらず、あくまで「納税者の同意を得て行う任意調査」なのです。だから、普通の税務署の税務調査と基本的には変わらないのです。

では、なぜ「泣く子も黙る」といわれていたかというと、資料調査課には、敏腕の国税職員がそろっており、しかもある程度の課税漏れの情報は握っています。そんな彼らが大挙して税務調査に訪れるわけなので、たいがいの税理士は資料調査課が来ただけで恐れおののいてしまうのです。

そして昔の資料調査課の税務調査では、任意調査とはいいつつも、強引に事務所の中のものを洗いざらい引き出すなどの「乱暴な調査」を行っていたのです。

税理士のほうも、資料調査課に盾突くと、後でどんな災いが起きるかわからないので黙認してしまい、納税者側は、誰からも助けてもらえずに、資料調査課の思うままに、ほぼ強制調査に近い調査をされてしまっていたのです。

いわば、資料調査課というのは、昔の「お上の威厳」を着た旧時代の「おいこら警察官」のようなものだったのです。

この課税漏れ事件では、東京国税局は7月に税務調査実施の要請を出したのですが、女子医大側は、国税ＯＢ税理士に顧問を依頼し、税務調査の期日を8月に延期してほしい旨を要請しましたが、結局、税務調査は7月に実施されたようです。

このへんの経緯も、一般の人にはなかなかわかりづらいものがあるようです。任意調査なのだから、納税者側が調査を延期してほしいと要請すれば、調査延期になりそうなのですが、そうはならなかったということです。

おそらく、税理士側が一応、国税の顔を立てたということでしょう。

しかし、資料調査課の「戦果」は、それほどではありませんでした。

東京女子医大というのは、理事長の岩本絹子《いわもときぬこ》氏に対して、収賄や不正経理など様々な疑惑が取り沙汰されており、経理関係をつぶさに調査することができる国税局の税務調査では、そのへんの疑惑の解明に大きな期待が持たれていたところです。

不正経理や贈収賄はそのまま脱税に結びつくので、資料調査課がその証拠をつかめば、もっと大きな脱税事件に発展したはずなのです。

にもかかわらず、製薬会社の研究費の計上漏れという、額はそれなりに大きいけれど、「不正」でさえない、普通の課税漏れしか発見できなかったのです。

ここに現代の税務調査の現実があると思われます。

前述したように、東京女子医大は、税務調査の前に国税OB税理士に顧問を依頼しています。そして、この国税OB税理士は、かなりの大物であり、こういった事案のプロだと推測されます。国税OB税理士は、それなりに税務調査に詳しいし、国税局の現役職員にもパイプを持っています。

だから、国税局側としては下手《へた》なことはできないのです。

国税という組織はＯＢ税理士に弱いのです。特に国税元幹部の大物ＯＢ税理士にはからきし弱く、目に見えて対応が甘くなります。

世間でもそういう情報が行き渡るようになり、ＯＢ税理士をうまく使う者が増えてきたということでしょう。

違法ともいえるような強引な税務調査をする「資料調査課」と、裏の力を使ってそれを阻止する「国税ＯＢ税理士」。両方とも前時代の遺物のような存在であり、国税の暗部を象徴する存在でもあります。

副業２億円の税務署員は税務申告していたのか？

２０２４年４月、驚愕《きょうがく》のニュースが報じられました。

福島県内の20代の税務署員が、２０２２年の8月から現在までの間に、副業で2億円も稼ぎ、停職１か月の処分を受けていたことが発覚したのです。

なんの副業で2億円も稼いでいたかというと、中古車の転売です。2022年ごろから、半導体の不足などの影響で、自動車の生産が追いつかず、中古車の価格が高騰していたのです。

そこに目をつけ、中古車を仕入れては転売するという方法で、莫大な稼ぎを得ていたのです。

公務員というのは、副業が全面的に禁止されているわけではなく、届け出をして許可を受ければOKということになっています。この20代の税務署員は、許可を受けていなかったとのことです。

そのため、「無許可で副業をした」ということで、停職1か月の処分を受けたわけです。

国税側の発表によると、今回の副業は、もし届け出をしたとしても許可はされなかったということです。公務員の副業が許可されるには、それなりの理由と、公務員としての信用が失墜しない内容が求められます。

中古車の転売となると、いわゆる「転売ヤー」であり、イメージもよくないことから、許可はされなかったのでしょう。

が、このニュースでは、非常に不審な点があります。

このニュースでは肝心なことが報じられていないのです。

肝心なこととは、

「この税務署員は2億円の副業収入を申告していたのか？」

ということです。

副業であっても、2億円も収入があれば、当然、税務申告しなければなりません。2億円の収入があれば、概算でも7000万〜8000万円の所得税が課せられます。もし税務申告していなければ、7000万〜8000万円を脱税していたことになり、起訴されてもおかしくない事案です。

ところが、このニュースでは、この税務署員が税務申告していたかどうかはまったく報じられていないのです。

筆者としては、この税務署員は税務申告していなかった可能性が高いと思います。

というのも、この手のニュースは、国税側が一方的に発信するものです。だから、国税側に都合の悪い事実は抜き取られていることが多いのです。もし税務申告をしていれば、国税としては、そう発表するでしょう。しかし、そう発表されていないところを見ると、税務申告をしていないのです。

税務申告をしていないことを発表すれば、税務署員が巨額の脱税をしていたことが世間に公表されることになり、国税が叩かれるのが目に見えています。

報道によると、この税務署員の副業事件は、同僚の税務署員の密告によって発覚したとのことです。が、もし、この税務署員が副業を申告していれば、同僚の密告の前に、税務署側に知られるはずです。

また、この税務署員から見れば、申告すれば税務署に知られてしまうので、普通は申告しないものです。

ちなみに、この副業税務署員は、停職1か月の処分を受けていますが、依願退職しています。停職1か月の処分を受けただけで、退職までしてしまうということは、やはり、税務申告をしていなかったのではないかと疑ってしまいます。

前述しましたように、政治家の裏金事件に関して、国税はまったく調査をした形跡がありません。国税は政治家の税務調査をする権利と義務を持っているにもかかわらず、です。

国民感情としては、政治家の裏金について税務調査をしない国税に対して怒りが湧きます。その上に、税務署員が巨額の脱税をしたとなれば、国民感情はさらに怒りで燃え上がることでしょう。

国税はそれを恐れ、税務申告していないことを伏せた可能性が高いのです。

国税庁さん、国民にいらぬ誤解を招かぬように、この税務署員が税務申告しているかどうかをきちんと公表すべきです。もし申告していなければ、国民の批判をしっかり受け止めるべきです。

こんな隠蔽体質で、裏金政治家に税務調査もしないようであれば、いずれ国民から総攻撃を受けるようになりますよ。すでに「財務省を解体しろ」という声が国民の間で盛り上がってきているので、財務省解体の際には、当然、国税もやり玉に挙がるはずです。

国税は早急に猛省すべきです。

風俗店で働いていた税務署員

2023年末に、税務関係者にはけっこう衝撃的なニュースが報じられました。

東京都内の税務署に勤務していた20代の女性職員3人が、ソープランドなどの風俗店で働いたり、男性と食事やデートをして金銭をもらう「パパ活」をしたりしていたなどとして、停職の懲戒処分にされたというのです。

しかも、その理由は、

「ホストクラブでの飲食代を払うためだった」

「ブランド品を購入するためだった」

ということでした。3人は、いずれも依頼退職しています。

前述しましたように、公務員というのは、原則として副業が禁止されており、公益事業など一部の事業のみの副業が許されています。また、もし副業をやる場合は上司に許可を得なければなりません。公務員には、職務専念の義務があるからです。

もちろん、この3人は、上司の許可は得ていませんでした。

この件以外に、2022年12月にも、東京国税局では、女性職員が風俗で働いていたとして、懲戒処分を受けています。

筆者としては、かなり衝撃的なニュースでした。

というのも、筆者が国税に勤務していたころ（約20年前）には、こんな事件は考えられなかったからです。

税務署員というのは、仕事はやくざの取り立て屋のような不条理なものでしたが、人間性自体は真面目な人が多かったのです。特に女性の場合は、超真面目な人が多かったです。税務というのは、ほかの公務員に比べて困難な仕事なので、女性の場合は、相当の覚悟を持って入ってきている人が多かったのです。

映画『マルサの女』（1987年、東宝《とうほう》）に憧れて入ってきたという女性も多く、本当に「マルサの女」みたいに、仕事ができる真面目な人が多いというイメージを私は持っていました。

また、税務署というのは、公務員の中でも特に規律が厳しいところです。

税務署員が事件などを起こせば、納税者からたちまちクレームが来て、税務行政に支障が出ます。だから、税務署員には納税者と癒着しないよう、納税者からの信用を失墜しないよう、様々な不文律が定められていました。

「サラ金からお金を借りただけでクビ」

という不文律さえあったのです。

サラ金でお金を借りるほどお金に困っていれば、税金に手を出してしまうかもしれないから、ということです。サラ金からお金を借りるなどということは、普通のサラリーマンにとっては、特別なことでもなんでもないはずですが、税務署では、それが許されなかったのです。それくらい、厳しい内部規律があったところなのです。

しかも風俗店というのは、国税にとっては「お得意様」です。風俗店の脱税は非常に多いので、国税は常にアンテナを張って、見張っているのです。だから、税務署員が風俗店で働いていれば、バレる可能性が高いのです。

彼女たちは、そういうことは十二分に知っていたはずです。

さらに彼女たちが風俗店で働いていた理由が、

「ホストクラブでの飲食代を払うためだった」

「ブランド品を購入するためだった」

などというものです。

そういう女性が、税務署員になっていたということも驚きです。

税務署員での給料で、ブランド品がたくさん買えたり、ホストクラブに通えたりするわけはないので、そういう女性は、元から税務署員になったりしなかったはずなのです。

コロナ禍のときには、支援金の大がかりな不正受給事件に、現役の税務署員複数名が関与していたことが発覚しました。これなども、私の感覚ではあり得ないことです。

「税務署員の質が下がった」
などという言い方では収まりがつかないような、急激な税務署員の意識変化が起こっているようです。

国税職員らの給付金詐欺

2022年6月、国税職員などの詐欺グループによる持続化給付金の不正受給事件が発覚しました。この事件では、国税職員ら10人が逮捕され、7人が書類送検されています。グループは約2億円を騙し取り、その多くは暗号資産への投資に使われたと見られています。

この事件の流れは次の通りです。

元証券会社社員の中峯《なかみね》竜晟《りゅうせい》被告らがつくっていた暗号資産の投資グループ「マイニングエクスプレス」が舞台になっています。この中峯被告が開いた投資セミナーに、国税職員だった中村《なかむら》上総《かずさ》被告が参加します。

そして中村被告もこの投資グループに加入したようで、中村被告は国税局を辞めて投資家になっています。この元国税職員の中村被告の元同僚だったのが現役国税職員の塚本晃《つかもとこう》平《へい》被告です。中村被告と塚本被告は、ルームシェアもしており、同郷の同級生だったそうです。

ただ、中村被告が国税職員を辞めた後も、塚本被告は国税を辞めていません。だから、塚本被告は逮捕時の肩書が国税職員となっているのです。

この投資グループ「マイニングエクスプレス」は、持続化給付金を詐取して投資資金を稼ぐということを思い立ちます。そしてグループ内で役割分担をし、セミナーに来た大学生などに「申請すれば、お金がもらえる」などと声をかけて大規模な持続化給付金詐欺を行ったのです。

詐取したお金の一部は、メンバーが報酬として受け取り、一部は申請した大学生らに渡し、大半のお金は、グループの暗号資産投資に充てられたと見られています。

元国税職員の中村被告は、グループの中心メンバーの一人であり、1000万円程度の報酬を得ていたと見られています。が、現役職員の塚本被告は、確定申告書の偽造を担当していましたが、一件あたり数万円、合計で120万円程度の報酬を受け取っただけです。

たった120万円の報酬で、安定した公務員の職を棒に振るというのは、バカげた話ですが、塚本被告の場合は、同級生で元同僚だった中村被告からの誘いを断れなかったのかもしれません。もちろん親友に誘われたからといっても明らかな犯罪に加担したのですから、同情の余地はありません。

国税の逮捕者3人を出した「持続化給付金詐欺」とは?

持続化給付金の不正受給で逮捕された現役国税職員は、わかっているだけで2名います。これは2名が共謀したわけではなく、それぞれが別の事件です。

詐欺グループ「マイニングエクスプレス」の事件以外にも、山梨県での持続化給付金詐欺事件がありました。

山梨の事件というのは、2020年12月、甲府《こうふ》税務署の26歳の税務署員がコロナ対策の持続化給付金を騙し取ったとして愛知県警に逮捕されたというものです。

この税務署員は、個人事業主を装って嘘の所得税確定申告書の控えなどを添付して給付金を申請し、100万円を騙し取ったということです。そして押収したパソコンなどによると、ほかに数百件の給付金詐取にかかわったと見られています。

しかも、この税務署員は、大麻の栽培もしており、その件でも逮捕されています。

これらの事件は、いろんな意味で「現代社会の闇」を感じさせるものでした。

まず「持続化給付金」そのものに様々な欠陥があり、今回の犯罪はその欠陥をつかれたものであること。そして今回の事件には、これまでにない異質な要素があること、です。

犯罪の舞台となった「持続化給付金」について少し説明しましょう。

持続化給付金というのは、コロナ禍の影響で売上が急に下がった事業者などが受けられる給付金です。最高200万円までもらえました。

この持続化給付金は国の事業でありながら、電通やパソナの事業共同体が受注するという、いわゆる「中抜き問題」が発覚した事業です。元々の計画からかなり杜撰《ずさん》で、利権にまみれた事業ではありました。

持続化給付金の実際の業務を担当したのは、パソナなどの民間企業だったのですが、これがはじめから無理やりだったのです。民間企業は、全国の事業者の情報も持っておらず、調査権もありません。不正受給をしようと思えば、いくらでもできるのです。

案の定、持続化給付金では大量の不正受給が発生しました。しかも、その手口は、今まで事業をやってこなかった普通の会社員や大学生が、持続化給付金を申請するだけという、驚くほど単純なものでした。

逆にいえば、持続化給付金は「普通の会社員や大学生が申請しても簡単に給付されてしまう」というような、杜撰な仕組みを持っていたのです。

その申請も、それほど難しいものではなく、添付書類も確定申告書の写し、売上帳の写しなどでよかったのです。

詐欺を働いた国税職員の塚本容疑者の担当は、確定申告書の偽造だったとのことですが、これもそう難しいものではありません。確定申告書の用紙は、税務署にも置いてありますし、国税庁のサイトからプリントアウトすることもできます。

その申告用紙に必要事項を書き込んで、税務署の受付印を押せばいいだけです。税務署の受付印も、ゴム印のような簡単なものなので、ちょっとパソコンをいじれば簡単に偽造できてしまうのです。

そして必要書類さえそろっていれば、相手は民間企業なので、それ以上のチェック機能はないに等しいのです。

この持続化給付金は、国の機関でやるべきだったのです。

たとえば、国税庁がこの業務を行っていれば、こんな杜撰なことには絶対にならなかったはずです。まず申請の時点で、事業を行っているかどうかは簡単にチェックできます。

また、もし不正をたくらんでも、国税庁には全国に調査網があるため、少しでも不審な点があれば、その場で調査できるのです。

不正受給者の側も、窓口が国税庁であれば、そう簡単には「詐欺をしよう」とは思わないはずです。

詐欺事件に関与した国税職員たちも、もし国税庁がこの業務を行っていれば、絶対に手を出していないはずです。彼らは国税庁の調査能力を知っているので、詐欺などが簡単に通用しないことは十分に理解しているはずです。

逆に彼らは、国税庁が関与せず、民間企業が業務を行うのであれば、チェックが甘くなるということもよく知っていたのです。

民間企業がそう簡単に、事業者の詳細の確認などをできないことは、国税の職員であれば体感的に知っています。

だから、我々国民は、詐欺事件の追及をしながら、同時にこの事業自体の欠陥も、しっかり追及していかなければなりません。

です。

これまでとは異質な国税職員の犯罪

それと筆者が気になったのは、やはり国税職員が3人も逮捕されてしまったということです。

3人のうち、すでに退職していた中村容疑者は1000万円程度の報酬を受け取ったようですが、ほかの二人は100万円ちょっとの報酬です。たったこれだけの報酬で、公務員という安定した職を棒に振るというのは、単純な損得勘定だけでも割に合いません。

なぜ、そんな簡単な計算ができなかったのでしょうか？

国税には5万人の職員がいます。5万人もいれば、いろんな人がいますので、犯罪を犯してしまう人もいます。

何年かに一度は重大な事件を起こす職員が出てきますし、過去には殺人事件を犯してしまった者もいます。

だから、山梨で国税職員が逮捕されたときには、筆者は、「5万人もいるのだから、そういう人もいるだろう」くらいにしか考えていませんでした。しかし、その後も次々と事件が発覚し、逮捕者が3人も出てくるとなると、筆者としても、深く考えざるを得ません。

彼らのやっていることは、今までの国税職員たちが犯してきた犯罪とは少し質が違います。この3人に共通するのは、「ちょっとした出来心」という言い訳は通じないような、組織的ともいえるほどの大がかりな詐欺行為に加担している、ということです。

マンガでいえば「悪の組織」の中に入っていたわけです。彼らは日ごろから「犯罪にアクセスする生活をしていた」のです。しかも彼らは非常に若いのです。

彼らを見ていると、筆者には、もう自分の将来を捨ててかかっているとしか思えません。もしかしたら、未来に希望を持てない今の日本の社会が、彼らを犯罪に駆り立てた要因のような気もします。

いずれにしろ、鉛を飲み込んだような、気分が重たくなる事件でした。

ジャニーズ問題の背後に財務省が

これまで、日本の税制は最悪だということを繰り返しお伝えしてきました。

「消費税は低所得者ほど収入における負担割合が高くなる逆進税であること」

「消費税を増税するたびに法人税や富裕層の所得税を減税しており、消費税が社会保障に使われているというのは嘘」

「ダイヤモンドにもトイレットペーパーにも同じ税率をかけるような雑な間接税は、世界でも日本くらいしかないこと」

等々です。

この世界最悪の日本の税制を、誰がつくったのかというと、「財務省のキャリア官僚」です。

実は日本の官僚制度は非常にいびつなシステムになっており、国家権力の大半が財務省に集中しているのです。そして、そのことが日本社会全体を腐食させているのです。

そのわかりやすい例を挙げたいと思います。

実はあのジャニーズ問題にも、財務省が大きく絡んでいたのです。

ご存じのように、2023年の芸能界は、ジャニーズ事務所（現SMILE-UP.）の性加害問題に揺れました。いや、芸能界だけではなく、社会問題といっていいほど、この問題は大きくクローズアップされました。

が、今になってジャニーズ問題がクローズアップされることに、違和感を持った人も多いはずです。

ジャニーズ創業者のジャニー喜多川《きたがわ》氏が、所属の少年たちに性加害をしているというのは、30年以上も前から暴露本が出され、関連の裁判なども行われ、「限りなく黒」という判断が出されていたものです。

にもかかわらず、この情報は一部の週刊誌や書籍が報じるのみであり、30年以上の長きにわたって、これほどの犯罪が「公然の秘密」とされてきたのです。

なぜ、このような悪質な犯罪が長期間にわたって許されてきたのでしょうか？

この事件の背景の一つとして、財務省への異常な権力集中問題があり、現代日本の汚点が集約されているともいえるのです。

財務省への権力集中が招く様々な弊害

ジャニーズは様々な問題があったにもかかわらず、国や官庁のほうも一切、触れてきませんでした。特に公正取引委員会が、ジャニーズに対してまったくおとがめをしてこなかったのは、大きな問題だといえます。

公正取引委員会というのは、「独占禁止法」などが遵守されているかどうかを監視し、指導や摘発をすることが主な役目です。「独占禁止法」は、経済の憲法ともいわれるもので、カルテルや談合の禁止のほか、不当な価格操作、抱き合わせ販売、優越的地位の濫用等が禁止されています。

つまり、公正取引委員会は、それらの禁止事項に違反していないかを監視する役目を担っているのです。

ジャニーズは、この「独占禁止法」に抵触していた可能性が高いのです。

というのも、ジャニーズはテレビ局などに対し、「ジャニーズを辞めたタレントを出演させないこと」を事実上、強制しました。

もしジャニーズ脱退タレントを出演させた場合は、ジャニーズのタレントを出演させないことをちらつかせたりしていました。

また、そういうことがあるために、ジャニーズのタレントたちは、なかなかジャニーズを辞められないという状況に置かれていたのです。ジャニー喜多川氏の性加害事件が何十年も隠蔽され続けてきたのも、この構図があるからでした。

これは明らかに独占禁止法でいうところの「優越的地位の濫用」にあたります。

もし公正取引委員会がまともに機能していれば、もっと早く「ジャニー喜多川氏の性加害」や「ジャニーズ事務所の横暴」を防げたはずなのです。

こんなあからさまな「優越的地位の濫用」が長期間放置されていたのは、公正取引委員会がまともに機能してこなかったからなのです。

公正取引委員会は財務省の下部組織

そして、あまり知られていませんが、この公正取引委員会というのは、財務省の下部組織なのです。

もちろん表向きは、公正取引委員会は独立した機関であり、財務省とはなんの関係もないことになっています。しかし、公正取引委員会のナンバーワンである委員長ポストは、財務省キャリア官僚の指定席となっています。ナンバーツーのポストである事務総長にも、たびたび財務官僚が就いています。

また、財務省キャリア官僚は公正取引委員会に出向して、幹部ポストに就くことが慣例化しており、財務省は委員長だけではなく、ほかの重要なポストも握っているのです。

財務省は、表向きは、公正取引委員会とは無関係を装いつつ、最高ポスト、重要ポストを占めることで、事実上の支配をしているのです。こんなことはちょっと調べれば誰でもすぐわかることなのですが、なぜか今までほとんど批判されたりしてきませんでした。

財務省が公正取引委員会を事実上、支配していることは、当然のことながら大きな弊害を招いています。

公正取引委員会の重要な役目は、大企業など力の強い立場の者が、中小企業や請負業者などに不当な圧力を加えないようにチェックするということがあります。しかし、このチェック機能が、日本ではまったく働いていません。

日本では、大企業と中小企業では、収益率や賃金に大きな差があります。それは、日本の大企業は下請け企業への報酬を安く買い叩くなどして、不当に利益を吸い上げていることが大きな要因となっています。

なぜ、そういうことが日本で許されているかというと、財務省キャリア官僚のほぼ全員が、大企業に天下りするため、大企業に対する監視がほとんどされていないからです。

ジャニーズの悪行が放置されてきたのも、この財務省支配システムが要因の一つなのです。ジャニーズ自体が、財務省キャリア官僚の天下りを受け入れていたのかということは不明ですが、芸能界というのは、広告業界も含め、多くの大企業が関係する業種です。特にテレビに対しても、多くの大企業が関連しており、ジャニーズはその中心にいました。

そのため「大企業の横暴は見て見ぬふりをする」という、公正取引委員会の根本方針が発動されたのです。

つまり、ジャニーズ問題というのは、単にジャニー喜多川氏によって引き起こされた性加害事件というだけではなく、現代日本の腐敗が集約されたものでもあるのです。財務省を中心とした公権力の肥大化により、腐敗がはびこっている今の日本を象徴している事件だったのです。

財務省が日本を支配しているというのは本当か？

昨今、よく「財務省が事実上、日本を支配している」というようなことがいわれます。

その一方で、「そんなのは陰謀論だ」「たった一つの官庁が日本全体を支配しているわけがない」というような論調も見られます。

実際は、どうなのでしょうか？

元国税調査官の観点でいいますと、「財務省が事実上、日本を支配している」というのは、限りなく真実であるといわざるを得ません。

もちろん、財務省は建前の上ではただの一つの省庁にすぎません。しかし、実質的に日本の政治経済の中枢ポストを占めており、「事実上、日本の政治経済の中心を占めている」ことになっているのです。

まず財務省は、事実上、「予算の策定権」を持っています。国家予算というのは、国家権力の源泉であり、それを握っているということは、相当のパワーを持っていることになります。予算は国会が決めるという建前になっていますが、政治家は細かい数字はわからないので、現実的に予算の策定権を握っているのは財務省なのです。

しかも財務省が持っている権力は、それだけではありません。

総理秘書官の中でもっとも重要なポストである筆頭秘書官は、財務省の指定席になっています。筆頭秘書官は、総理に四六時中付き添って、政策のアドバイスを行う職務です。総理が財務省寄りの考えになるのは、当たり前です。

官邸の司令塔的役割の官房副長官補も、財務省からの出向者となっています。重要閣僚の秘書官など、すべての重要ポストは財務省が握っているのです。

また、国家公務員の人事を仕切っているのは、財務省主計局給与共済課（給料関係）、人事院給与局給与第二課（各省庁の人事）、総務省人事・恩給課（国家公務員の総合的な人事）の三つの組織です。この三つも、すべて財務省が握っているのです。

さらにさらに、財務省は、公正取引委員会だけではなく金融庁の最高ポストや幹部ポストも握っています。つまりは、財務省は、金融庁、公正取引委員会といった国の経済政策の中心機関を事実上、支配下に置いているのです。

こんなことは本来、許されるものではありません。

財務省も金融庁も公正取引委員会も、法律の上ではまったく別個の組織という建前になっています。別個の組織になっているのは、金融と経済取引を、一つの省庁で管轄すると権力が肥大化し、不正や腐敗が起きやすくなるからです。

財務省が「予算権」「徴税権」を握るという悪夢

これに加えて、財務省は事実上、「徴税権」までも持っているのです。

国の徴税を司《つかさど》るのは国税庁です。国税庁は建前の上では、財務省から独立した地位にあるということになっています。

国税庁側は、「国税庁と財務省は、独立した緊張関係にあり、決して従属の関係ではない」などと言っています。が、これは詭弁も甚だしいのです。

人事面を見れば、国税庁はまったく財務省の支配下であることがわかります。

まず国税庁トップである国税庁長官のポスト、これは財務省のキャリア官僚の指定席なのです。そして国税庁長官だけではなく、次長、課税部長も財務省キャリアの指定席です。

国税庁長官、次長、課税部長の3職は、国税庁のトップスリーとされており、つまり、国税庁トップスリーはいずれも、財務省のキャリアで占められているのです。ほかにも、強大な権力を持つ、調査査察部長や、東京、大阪、名古屋など主要国税局の局長にも、財務省のキャリアが座っています。

これを見れば、どう考えても「国税庁は財務省の子分だ」となるはずです。


「徴税権を持つ」

ということは、予算権限を持つのと同等か、それをしのぐような強力な国家権力です。

財務省は国の柱となるような巨大な権力を二つとも手中にしているのです。

このような巨大な権力を持つ省庁は、先進国ではあまり例がありません。

国税庁は、国民全部に対し、「国税に関することはすべて調査する権利」を持っています。国民には、これを拒否する権利はないのです。

このような強大な「徴税権」を、予算権を持っている財務省が握っているのです。

実は、これは非常に恐ろしいことでもあります。

「予算というエサをばらまくことで言うことを聞かせる」

というほかに、

「徴税検査をちらつかせて言うことを聞かせる」

ことができるのです。

これでは国民も企業も、財務省の言うことを聞くしかなくなる、というものです。

たった数百人の財務省キャリア官僚が日本を支配する

しかも信じられないことに、この強大な権力を持つ財務省もまた、わずか数百人のキャリア官僚によって支配されているのです。

財務省自体には、7万人を超える職員が働いています。しかし、財務省の重要なポストにはすべて、1000人に満たない「キャリア官僚」という人たちが就いており、財務省は実質的に「キャリア官僚」に支配されているのです。

キャリア官僚というのは、ニュースでも時々出てくるワードですが、今一つよくわからない人も多いでしょう。

なので、ここで説明したいと思います。

日本の官僚組織に入るには、大まかにいって3種類のルートがあります。

高卒程度の学力試験で入るルート、短大卒程度の学力試験で入るルート、大卒程度の学力試験で入るルートです。

この中で「大卒ルート」で入るのが、キャリア官僚です。この試験は非常に狭き門であり、大卒程度の学力試験とはいうものの、競争率が高いので、超一流大卒程度の学力を必要とします。

だから、東大出身者の割合が異常に高いのです。

このキャリア官僚というのは、国家公務員全体で1%ちょっとしかいません。

キャリア官僚同士での出世競争はありますが、キャリア官僚以外の官僚たちが、省庁の重要ポストに就くことはありません。

そのキャリア官僚の中でも、もっとも巨大な権力を持っているのが、財務省キャリア官僚なのです。財務省キャリア官僚というのは、20歳そこそこのときに受けた試験の成績がよかったというだけで、強大な国家権力を自動的に与えられるのです。

狭い狭い世界の人たちに日本全体を支配する権限が与えられているということです。


財務省キャリア官僚は、ほかの省庁や経済界などからも恐れられているし、国会議員さえも頭が上がりません。そして多くの民間企業は、財務省キャリア官僚のOB天下りを受け入れます。

その最大の理由は、彼らが巨大なお金を動かしているからです。

財務省キャリア官僚たちの権力の源泉は税金にあるのだから、この強大な権力を維持していくためには、「安定財源」が欠かせません。

ここでいう「安定財源」というのは、「国民が無理なく持続的に払える税金」という意味ではないのです。「国民が苦しかろうと、国の将来がどうなろうと、とにかく一定の税収を確保する」という意味での安定財源です。

「お金を持っているからこそ、周りのやつが言うことを聞く」のです。だから、安定的な税収の確保は、財務官僚にとっては至上命令なのです。

そのために彼らは、あの手この手を使って税収を確保しているのです。

どうやったら、こんな悪政ができるのか？

前項では、財務省のキャリア官僚が、いかに強大な国家権力を持っているかということをお話ししました。日本の歳入と歳出は国会が決めることになっていますが、国会議員は数字に疎いので、事実上、財務省のキャリア官僚たちが、歳入と歳出の決定権を握っているのです。

しかも財務省キャリア官僚たちは、その強大な国家権力を使って、大企業や富裕層ばかりを優遇してきました。ダイヤモンドにもトイレットペーパーにも同じ税率という、世界最悪の雑な税金「消費税」を創設しました。前述したように、消費税というのは、収入のほとんどを消費してしまう「低所得者」ほど、税負担割合が高くなる「逆進税」です。

そういう低所得者いじめの消費税を増税する一方で、法人税や高額所得者の所得税は大幅に減税してきました。日本の法人税や高額所得者の所得税は、名目税率はほかの先進国と同等のレベルですが、たくさんの抜け穴が用意されているので、実質的にはタックスヘイブンのような安さになっているのです。

これで格差社会にならないはずがないのです。今の日本は、「まるでわざと格差社会をつくろうとしているかのような税制」になっているのです。

また、歳出の面においても、財務省は最悪のことをやってきました。

2024年1月の石川県能登《のと》半島の地震では、被災者の方々は先進国ではあり得ないようなお粗末な避難所で、長期間、不自由な暮らしを余儀なくされています。日本は地震大国であり、何度も何度も被害に遭っていながら、いまだに被災者は体育館などに避難させられているのです。日本は毎年、莫大な公共事業費を計上しているのだから、避難施設などは、日本中に立派なものをつくれるはずなのです。

その一方で、四国と本州の間には、莫大な費用をかけて、3本も橋がかけられているのです。

また、ご存じのように、現在の日本は世界最悪の少子高齢化社会を迎えているのですが、家庭関連への財政支出はOECDの中で最低レベルなのです。その一方で、お金持ちしか買えないエコカーの補助金には、何千億円も投じているのです。

まったく、どうやったら、こんな悪政ができるのか、不思議に思えるほどです。

財務省キャリア官僚は退職後の天下り報酬のほうが大きい

なぜ、財務官僚たちは、このような悪政を行ってきたかというと、彼らの本当の主人は国民ではなく、大企業だからなのです。

財務省キャリア官僚というのは、官僚としての賃金自体は、それほど高いものではありません。

初任給は月20万円ちょっとであり、一流企業と比べると、かなり安いといえます。しかも公務員の給料形態は「年功序列制度」になっているので、徐々にしか増えていきません。出世して最高のポストである事務次官に就いても、年収は3000万円程度です。一流企業であれば、年収3000万円程度はざらにいるのです。生涯賃金で見れば、財務省キャリア官僚は、大企業の社員よりかなり安いといえるでしょう。

が、財務省キャリア官僚は、「安い給料で国家のために働く偉い人たち」では決してありません。

むしろ、まったくその逆なのです。

日本の官僚制度では、官僚の待遇は、表向きは、それほどよくはありません。国民の批判を浴びないためです。

しかし、裏では、巨大な好待遇が用意されているのです。その最たるものが、「天下り」なのです。

財務省キャリア官僚たちは、退職した後、様々な企業や団体の顧問になります。財務省のキャリア官僚のほとんどは、退職後、日本の超一流企業に天下りしています。

たとえば、三井《みつい》、三菱《みつびし》などの旧財閥系企業グループをはじめ、NTT関連、トヨタ、JT（日本たばこ産業）、旭化成《あさひ》、日本生命、ニトリ、伊藤園《いとうえん》、プリンスホテル等々、各種の銀行、金融機関など枚挙にいとまがありません。

大半の一流企業で天下り官僚をなんらかの形で受け入れているとさえいえるのです。しかも彼らは数社から「非常勤役員」の椅子を用意されるので、ほとんど仕事もせずに濡《ぬ》れ手で粟《あわ》で大金を手にすることができます。

この退職後の天下り報酬により、10年足らずで、10億円近く稼ぐ人もいるのです。

キャリア官僚が、生涯でどれくらいのお金を稼いでいるのか、統計調査などは行われておらず、正確な実態は明らかになっていません。

が、あるキャリア官僚が、「自分の先輩がどのくらい稼いでいるのか」を調査し、記録した資料があるのです。

少々古いデータにはなりますが、「週刊朝日」の2012年8月3日号に載った記事によると、大武健一郎《おおたけけんいちろう》元国税庁長官が、歴代国税庁長官、財務事務次官の2001～2004年の天下り先と、納めた所得税額を調べた資料があり、それを妻が「週刊朝日」にリークしたのです。

その資料によると、年間5000万円以上の報酬を受け取っている者もおり、生涯で10億円稼ぐ者も珍しくないのです。普通のサラリーマンの生涯収入の4～5倍です。

しかも彼らはこのお金のほとんどを退職後の10年足らずのうちに稼ぐのです。天下り先を数年ごとに替えていき、いくつも渡り歩き、短期間で巨額の荒稼ぎをするのです。

そして、ここがもっとも重要な点なのですが、彼らのほとんどは、官僚としての報酬よりも、退職後に天下りして受け取る報酬のほうがはるかに大きいのです。

つまり、彼らの本質は、「国家公務員」ではなく、「大企業の非常勤役員予備軍」なのです。彼らにとって、国家公務員というのは、天下り先を得るための準備期間にすぎないのです。

だから、彼らは国民生活がどうなろうと、日本の将来がどうなろうと関係なく、自分たちの主人である大企業に有利な政策ばかりを講じてきたのです。その結果、日本は世界最悪の少子高齢化社会となり、深刻な格差社会となってしまったのです。

このように、財務省キャリア官僚制度というのは巨大な矛盾を抱えており、この制度を叩き壊さなければ、日本の未来はないのです。

◎おわりに

「103万円の壁」をめぐる財務省の詭弁

これまで述べてきましたように、現在の日本の税制というのは、非常に欠陥だらけでいびつなものになっています。

表向きは公平にできているように見えて、実は富裕層や大企業の負担ばかりがどんどん軽減され、中間層以下の負担は激増しています。

この20～30年の税制の流れを見ると、まるでわざと少子高齢化を加速させ、貧富の格差を増大させているとしか思えないものです。

政治家の中には、この日本の税制のいびつさに気づく人も、ちらほら出てきています。たとえば、昨今、話題になっている「103万円の壁問題」もそうです。

103万円の壁というのは、ざっくりいえば「課税最低限度額」のことです。

現在の所得税法では、サラリーマンの場合、103万円以上の所得があれば課税される可能性があります。

国民民主党の玉木雄一郎《たまきゆういちろう》代表がこの課税最低限度額を引き上げ、低所得者層の課税額を引き下げようという提案をしました。

ところが、案の定、この提案に財務省が難色を示しました。この課税最低限度額の引き上げにより、7兆円以上の減収になるというのです。また、この課税最低限度額を引き上げれば、高額所得者ほど減税の恩恵が大きいと、財務省は主張しています。

が、これは詭弁というものです。

「課税最低限度額を引き上げるとともに高額所得者の控除額も引き上げる」のであれば、高額所得者のほうが恩恵が大きくなるといえますが、高額所得者の控除額を引き上げなければ、高額所得者の減税にはならないのです。

「課税最低限度額だけを引き上げ、高額所得者の控除額はそのままにする」という方法はいくらでもあり、それは不自然なことでもなんでもないのです。

たとえば、現在の所得税率は、年間所得が194万9000円までの人は所得税率5％であり、329万9000円までの人は所得税率10％、694万9000円までの人は所得税率20％という具合に段階的に税率が上がっていく仕組みになっています。

この階層の一番下の層である194万9000円以下の人たちの税率をゼロにし、ほかの階層の数字は動かさなければ、「高額所得者ほど減税の恩恵が大きい」というようなことは、まったくないのです。

そして一番下の層の税率をゼロにするだけであれば、税収減もほとんどないのです。とにかく、昨今の格差社会化、国民全体の低所得者化に関しては、税金の影響もかなり大きいものなので、低所得者に配慮した税制改革は早急に必要です。にもかかわらず、頭から受けつけないような財務省の態度には、国民が怒るのも無理はありません。

というより、税制や財政を決めるのは国会であって、財務省ではありません。

本来は財務省は国会で決められたことを遂行するのが仕事であり、税制や財政に口を出す権利などはないのです。それがいつの間にか、なし崩し的に税制や財政に大きな権力を持つようになっているのです。

本文でも述べましたように、日本の財務省というのは先進国ではあり得ないほどの巨大な権力を、なし崩し的に保持しています。そして財務省のキャリア官僚たちは、退職後は100%、大企業に天下りする上に、自分たち自身も富裕層なので、「大企業や富裕層を優遇する」ための税制を敷いてきました。その弊害が極致に達しているのが現在の日本なのです。

多くの国民がこのことを知り、声を上げる必要があります。また、声を上げることは決して無駄ではありません。

たとえば、2023年6月9日の国会・財政金融委員会において、立憲民主党の福田昭夫《ふくだあきお》衆議院議員が、約30分にわたり、拙著『消費税という巨大権益』（ビジネス社）を引き合いに出し、財務省を問いただしました。

このときの模様はユーチューブにアップされ、長尺の国会動画としては異例の再生回数（2024年12月時点で100万回以上）となりました。また、コメント欄では、「財務省は信用できない」「財務省は解体すべし」という声であふれました。

そういう声が大きくなれば、国会で取り上げられる回数も多くなるし、財務省を解体に追い込める可能性も高まるのです。それが本書を執筆した大きな動機の一つでもあります。

最後に、清談社Publicoの畑祐介氏をはじめ本書の制作に尽力いただいた皆様に、この場をお借りして御礼を申し上げます。

2025年初頭　大村大次郎《おおむらおおじろう》

本当《ほんとう》は怖《こわ》い税金《ぜいきん》の話《はなし》
元国税調査官《もとこくぜいちょうさかん》が書《か》いた 知《し》らないと損《そん》する裏《うら》知識《ちしき》

2025年3月21日　第1刷発行

著　者　大村大次郎《おおむらおおじろう》

ブックデザイン　福田和雄(FUKUDA DESIGN)
本文DTP　サカヨリトモヒコ

発行人　畑 祐介
発行所　株式会社 清談社Publico
〒102-0073
東京都千代田区九段北1-2-2 グランドメゾン九段803
TEL:03-6265-6185　FAX:03-6265-6186

印刷所　中央精版印刷株式会社

ISBN 978-4-909979-75-9 C0030

清談社
Publico

https://seidansha.com/publico
X @seidansha_p
Facebook https://www.facebook.com/seidansha.publico